पति को खुश कैसे रखें

पति को खुश कैसे रखें

डा० राजीव शर्मा
बी०एच०एम०एस०, एम०डी०, डी०लिट्०
पी०जी०एन०डी०, डी०वाई०टीएच०, पी०एम०एस०

क्रेस्ट पब्लिशिंग हाउस
(A JAICO ENTERPRISE)
G-2, 16 अंसारी रोड, नई दिल्ली-110002

पति को खुश कैसे रखें
ISBN 81-242-0489-6

First Edition : 2004

Published by:
CREST PUBLISHING HOUSE
(A Jaico Enterprise)
G-2, 16 Ansari Road, Darya Ganj,
New Delhi-110 002

Printed by:
Gayatri Offset Press
A-66, Sector-2
Noida (UP)

परिचय

(डा० राजीव शर्मा)

७ अप्रैल १९६७ को जन्मे डा० राजीव शर्मा ने बी०एच०एम०एस० (बैचलर ऑफ होम्योपेथिक मैडिसिन्स एण्ड सर्जरी), पी०जी०एन०डी० (पोस्ट ग्रेजुएट डिप्लोमा इन नैचुरोपेथी), डी०वाई०टीएच० (डिप्लोमा इन योगा थेरेपी) लखनऊ से व एम०डी० (आल्टरनेटिव मेडिसिन्स) की डिग्री कलकत्ता से प्राप्त की। राजीव शर्मा देश के प्रतिष्ठित होमियोपैथी, योग, प्राकृतिक व वैकल्पिक चिकित्सा परामर्शदाता हैं। ***डा० शर्मा की सैकड़ों पुस्तकें प्रकाशित हो चुकी हैं।*** अधिकांश पुस्तकें हिन्दी भाषा में लिखी गई हैं। कुछ पुस्तकें अंग्रेजी में भी प्रकाशित हुई हैं। देश के कई ख्यातिलब्ध समाचार पत्र-पत्रिकाओं में भी आपके लेख प्रकाशित होते रहते हैं। ***आप अब तक हजारों लेख लिख चुके हैं।*** लेखन आपके लिए एक मिशन है।

कई पत्र-पत्रिकाओं के सम्पादकीय सलाहकार होने के साथ ही डॉ० राजीव शर्मा विश्वविख्यात 'एशियन होमियोपैथिक जर्नल' के सम्पादक मण्डल के सदस्य हैं। रालसन व बॉयज़ होमियोपैथिक व दीक्षित आयुर्वेदिक कम्पनियों में स्वास्थ्य सलाहकार डॉ० शर्मा की आकाशवाणी, लखनऊ से अनेकों वार्ताएं प्रसारित हो चुकी हैं। आपने कई कम्पनियों के उत्पादों के लिए विज्ञापन फिल्मों की स्क्रिप्ट भी लिखी है।

आप राष्ट्रीय स्तर पर 'नशा मुक्ति व एड्स जाग्रति,' जनसंख्या नियंत्रण व पल्स पोलियो अभियान से जुड़े हुए हैं। ***अनेक राष्ट्रीय-अन्तर्राष्ट्रीय संगठनों से जुड़े डा० शर्मा को कई पुरस्कार प्राप्त हो चुके हैं।*** आप 'साहित्य श्री' पुरस्कार, भारत सरकार के स्वा० एवं परिवार कल्याण मंत्रालय द्वारा प्रदत्त 'राजभाषा पुरस्कार', 'बरन महोत्सव पुरस्कार' व इण्डियन इंस्टीट्यूट ऑफ ह्यूमन राइट्स द्वारा 'वर्ल्ड ह्यूमन राइट्स प्रमोशन अवार्ड' तथा उ०प्र० हिन्दी संस्थान द्वारा 'सर्जना पुरस्कार' से सम्मानित हैं।

डा० राजीव शर्मा ने दो वेबसाइटों का भी निर्माण किया है - www.newkamasutra.com - यह सैक्स सम्बन्धी सभी समस्याओं का समाधान प्रस्तुत करने वाली वैज्ञानिक साइट है। www.indiaalive.net - यह देश भक्ति व भारत के प्रमुख व्यक्तियों के जीवन परिचय से जुड़ी हुई साईट है।

डा० राजीव शर्मा द्वारा चिकित्सा जैसे क्लिष्ट विषयों पर सरल भाषा-शैली में किया गया लेखन कार्य सराहनीय व जनोपयोगी है, फलस्वरूप लाखों पाटक लाभान्वित हुए हैं।

प्रस्तावना

प्रत्येक स्त्री एक सफल पत्नी बनना चाहती है। इसके लिए आप अपने पारिवारिक और सामाजिक दायित्व को भली प्रकार जानें। अपने मन में किसी प्रकार की हीनता न लाएं। ऐसी औरतों से लोहा लें, जो आपके घर-संसार में आग लगाना चाहती हैं। पति-पत्नी एक-दूसरे को पूरी तरह संतुष्ट रखें, उन्हें पलकों से बांध कर रखें, प्यार में सराबोर रखें। पत्नी-पति एक-दूसरे को अपना और सिर्फ अपना बनाने के लिए निम्न उपाय करें -

- सज-संवर कर हमेशा आकर्षक और सुंदर बनी रहें।
- बच्चों अथवा परिवार के अन्य सदस्यों के सामने पति-पत्नी एक-दूसरे की हीनता पर आंसू न बहाएं, न भाग्यहीनता का रोना रोएं।
- पति के सामने हमेशा नई-नई समस्याएं न रखें।
- पति की आर्थिक सीमाएं जानें और अर्थाभाव का रोना न रोएं, न ही पति को जली-कटी सुनाएं।
- पति-पत्नी एक-दूसरे के सामने अन्य पुरुष या स्त्री की प्रशंसा न करें।
- दोनों ही एक-दूसरे को झूठा, फरेबी, धोखेबाज कहकर न कोसें। यदि कहीं कुछ असामान्य बात है, तो भी पर्याप्त अवसर दें।
- आपस की छोटी-मोटी गलतियां, हरकतें, नजरअंदाज करें। उन्हें तूल न दें। ध्यान रखें कि ककड़ी के चोर को फांसी की सजा नहीं दी जाती।
- उलाहने, ताने, व्यंग्य न करें, आपसी लड़ाई को चौबीस घंटे से अधिक न चलने दें।
- पत्नी अपने वस्त्रों, बनाव-श्रृंगार आदि के बारे में पति की रुचियां जाने और उसी के अनुरूप बनने व पहनने का प्रयत्न करें।
- खाना वहीं बनाएं, जो पति को पसंद हो। खाना बनाने के बाद उसे सजाकर परोसें।
- दोनों साथ बैठकर खाना खाएं।

- खास अवसरों जैसे बच्चों के जन्म-दिन, अपनी शादी की वर्षगांठ आदि पर घर में पार्टी का आयोजन करें। ऐसे अवसर पर पति के साथ मिलकर उनके दोस्तों को सपरिवार आमंत्रित करें। दूसरे के आमंत्रण पर दोनों एक साथ दूसरों के घर जाएं।
- एक-दूसरे की भावनाओं का सम्मान करें।
- अवसर के अनुकूल एक-दूसरे को उपहार अवश्य दें। कुछ उपहार नितांत निजी किस्म के हों, तो और भी अच्छा है।
- यदि आवश्यक हो तो आप पति की उस प्रेमिका 'जादूगरनी' से भी मिलें जिसका जादू आपके पति के सिर चढ़कर बोलता है। उसे चेतावनी दें और उसे बता दें कि पति-पत्नी के रास्तें में आने वाली औरत एक 'रखैल' के अलावा कुछ नहीं हो सकती और शायद वह 'रखैल' बनकर नहीं रहना चाहेगी।
- घर में आने वाली बाई, बच्चों को पढ़ाने वाली 'मिस' या फिर पड़ोस की किसी भी 'आंटी' को घर में इतनी छूट न दें कि वह बेडरुम तक पहुंच बना ले।

फैशन और प्रगतिशीलता के नाम पर उच्छृंखलता और छिछलेपन को कभी भी प्रोत्साहन न दें। संबंधों की नैतिकता का अपना अलग महत्व है। इस महत्व को कदम-कदम पर स्वीकारें। किसी भी पुरुष को भाई, पुत्र, पिता अथवा मित्र बना कर आप अधिक संरक्षण पा सकती हैं। अनैतिक संबंधों को हृदय की गहराईयों तक कोई नहीं स्वीकारता। इसलिए आपके पति अथवा दूसरी औरत को भी समझ लेना चाहिए कि गलत हमेशा गलत होता है और चोर कभी मान-प्रतिष्ठा प्राप्त नहीं कर सकता।

यह भी समझने वाली बात है कि जो व्यक्ति अपना घर नहीं बसा सकता उससे वफाई की क्या आशा की जा सकती है ? जो अपने ही पति अथवा पत्नी से बेवफाई कर रहे हैं, वे दूसरों के हितैषी कैसे हो सकते हैं ?

अवैध संबंधों के आधार पर मधुर संबंधों की कल्पना बिल्कुल उसी प्रकार से है, जैसे कोई कांटे बोकर फूलों की आशा करे। पति-पत्नी को समझाने की आवश्यकता नहीं कि आखिर इस प्रकार के संबंध किसी को क्या देते हैं ?

इस विषय में अपनी स्थिति का मूल्यांकन स्वयं करें और समाधान भी खुद ही तलाशें। हां, आपकी नजरों की डोर में बंधा पति भला इधर-उधर तांक-झांक ही क्यों करेगा? विश्वास, स्नेह और आस्था भटके हुए को भी राह पर ला देते हैं। इसलिए सदैव अपने-

- पत्नी होने का गर्व अनुभव करें।
- हमेशा सजी-संवरी और आकर्षक बनी रहें।
- पति की मनपसंद खुशबु का प्रयोग रात में करें।
- कुछ बातों को केवल आंखों से व्यक्त करें।
- पति की मनपसंद गीतों के बोल अवश्य गुनगुनाएं।

सदैव ध्यान रखें -

- पति की तुलना किसी पर पुरूष से न करें।
- अपनी हीनताओं का रोना न रोएं।
- निजी आवश्यकताओं की पूर्ति के लिए दूसरे पुरुषों से न कहें, न ही कोई ऐसी वस्तु बाजार से मंगवाएं।
- अंतरंग क्षणों में 'आटे-दाल' की बातें न करें।

उम्मीद है, पाठिकाएं इस पुस्तक से लाभान्वित होंगी।

डा० राजीव शर्मा

ई-मेल : sharmarajeev108@rediffmail.com
doctorrajeev108@mantramial.com

विषय-सूची

"नारी तुम केवल श्रद्धा हो"

–प्रसाद

1 गृहस्थ जीवन की साधारण शिक्षा

ससुराल में जब लड़की जाए तो उसे बड़े शील-स्वभाव से रहना चाहिए, क्योंकि जब नव-वधू को देखने के लिए नातेदार तथा अड़ोस-पड़ोस की स्त्रियां आती हैं तो उन सबकी दृष्टि उसी पर रहती है कि वधू का बोलना, उठना-बैठना, आंचल, लाज, चतुराई आदि कैसे हैं ? बहू को चाहिए कि वह सबसे पहले उठे, मल-मूत्र त्याग करें, सबसे बाद में सोए, भोजन भी सबसे बाद में करे, पति की गुप्त बात किसी से न कहे और कभी निर्वस्त्र होकर न नहाए। प्रथम छोटे-छोटे काम करने लगे, फिर धीरे-धीरे बड़े कामों में हाथ डाले तथा परिवार में सचेत होकर चले।

सरल स्वभाव आंख में सीला। वेष सुहावन वचन रसीला।।

जो वचन भांवर फिरते समय अपने पति को दिए थे, उनका सर्वदा ध्यान रखना चाहिए। पति को दिए गए वचन ये हैं।

- किसी दूसरे घर में निवास न करूंगी।
- बहुत न बोलूंगी।
- किसी परपुरुष से बातें न करूंगी।
- पति-सेवा में मन लगाऊंगी।
- बिना पति की आज्ञा के कहीं नहीं जाऊंगी।
- बाग या जंगल में अकेली कभी नहीं जाऊंगी आदि।

ससुराल में सास, बड़ी ननद, छोटी ननद, जेठानी, देवरानी आदि से यथायोग्य सम्मान, श्रद्धा-भक्ति, स्नेह और प्रेम के साथ बातचीत करे। सबका सम्मान करे। तिरस्कार या अवज्ञा किसी से न करे। जब कभी ससुराल से माता के घर आए तो वहां पति के घर की तथा सास, ननद आदि की कोई बुराई न करे। एक तो इसको सुनने से माता-पिता को दु:ख होगा, दूसरे ससुराल वाले सुन पाएंगे तो उस (वधू) पर कोप करेंगे और अपना स्नेह हटा लेंगे। सास, देवरानी, जेठानी आदि से कभी अलग रहने का विचार न करे।

सास का अपनी माता से भी अधिक सम्मान करें, क्योंकि वह उसके प्राणनाथ की भी पूज्या हैं। दूसरे, एक दिन वह भी सास बनेगी और यदि अपनी सास के साथ कठोरता का व्यवहार करेगी तो उसकी पुत्र-वधू भी उसके आचरण से शिक्षा लेकर उसके साथ वैसा ही व्यवहार करेगी। स्त्री को अपने मैके और ससुराल के लिए यह याद रखना चाहिए -

भाई बहिन भावज संग प्रीति। सहित सनेह करहु यह रीती।।
बैर भाव जो घर में राखत। ताको उत्तम कोउ न भाषत।।
सहनसील निज करहु स्वभावा। जो सब नर-नारी को भावा।।
मैके रह प्रसन्न सब काजी। पति -गृह सास-ससुर हों राजी।।
अंग-भंग, काना, बधिर, कूबड़, लंगड़ देखि।
कीजै नहिं उपहास कछु, आपन हित अवरेखि।।
मातु-पिता सम सास-ससुर में। कीजै भाव जाय पतिपुर में।।
सेवा विधि मर्यादि समेता। नारि-धर्म कह बुद्धि निकेता।।
अति आदर करु जेठ-जेठानी। बालक सम देखहु देवरानी।।
बहिन समान ननद को जानौ शुद्ध भाव सबही में आनौ।।
सबकी सेवा पति के नाता। दरसावहु गुण-गण की बाता।।

जो स्त्री ससुराल में जाकर इस रीति से बर्ताव नहीं करती, उसके लिए ससुराल वाले ताने देने लगते हैं।

मैके पसु यह रही चरावत। नारि-धर्म कछु एक न आवत।।

अतएव हमेशा मीठे वचन बोले। बिना सोचे कोई बात न कहे। मीठा वचन सबको प्रिय होता है।

कागा काकौ धन हरै, कोयल काकौ देय।
मीठे वचन सुनाइ कै, जग अपनो करि लेय।।

अहितकारक तथा कटुवचन तो कभी किसी को कहना ही नहीं चाहिए, क्योंकि वचन का घाव इतना गहरा होता है कि जन्म-भर भरता ही नहीं।

नायक शर घन तीर, काढ़त कढ़त शरीर तें।
कुवचन तीर अधीर, कढ़त न कबहूं उर गड़े।।

सदा प्रिय बोले। बोलचाल के इन नियमों का सदा ध्यान में रखें -

- बहुत न बोलें।
- बिल्कुल चुप भी न रहें।
- समय पर बोलें।
- दो व्यक्तियों के बीच में बिना पूछे कभी न बोलें।
- बिना सोचे-समझे न बोलें।
- शीघ्रता से न बोलें।
- ऊटपटांग न बोलें।
- उलाहने भरी और मतभेदी बात कभी न बोलें।
- सदा धर्मयुक्त यथार्थ बातें बोलें।
- दूसरों को जो बुरी लगे, ऐसी बात कभी न बोलें।
- ताना न मार, व्यंग्य न कसें।
- हंसी दिल्लगी न करें।
- दूसरों की बुराई या निंदा न करें।
- सत्य, कोमल, मधुर एवं हित की बात बोलें।
- अपनी प्रशंसा अपने मुख से न करें।
- बातचीत में हठ न करें इत्यादि।

स्त्री के आठ अवगुण - साहस, झूठ, चपलता, छल, भय, मूर्खता, अपवित्रता और निर्दयता बताए गए हैं, उनको यथासाध्य छोड़ने का प्रयत्न करना चाहिए।

स्त्री को चाहिए कि वह अपने घर का काम समय के अनुसार बांट लें। साधारण तौर पर एक साधारण सा कार्यक्रम इस प्रकार बनाया जा सकता है।

- प्रातः काल उठकर शौच स्नान करना, घर की सफाई करना, सामान की देखभाल करना आदि — २ घंटे
- पूजा-पाठ — १ घंटे
- विद्या की चर्चा — २ घंटे

-	भोजन बनाना, खाना	३ घंटे
-	सखी-सहेलियों में बैठना	१ घंटे
-	शिल्प-विद्या	२ घंटे
-	शाम का भोजन बनाना, खाना	३ घंटे
-	बाल-शिक्षा और परीक्षा	२ घंटे
-	नौकरों का काम देखना, घर का सामान, जांचना, हिसाब लिखना आदि	२ घंटे
-	शयन	६ घंटे
		२४ घंटे

इस प्रकार अपनी सुविधानुसार एक निश्चित कार्यक्रम बना लेना चाहिए। इससे समय की बचत होती है तथा काम भी समय पर ठीक ढंग से होता है।

स्त्री के लिए परिश्रमी होना बहुत आवश्यकत है। बिना परिश्रम किए शरीर में नाना भांति के रोग उत्पन्न हो जाते हैं। स्त्रियों के लिए घर का काम करना, आटा पीसना आदि सर्वोत्तम व्यायाम हैं। बहुत-सी स्त्रियां घर के काम को हेय समझती हैं, यह बहुत बुरा है। घर का काम करने में सर्वदा गौरव-बुद्धि होनी चाहिए। याद रखना चाहिए कि जो स्त्री घर के काम करने में लज्जा का बोध करती है, वह अपने स्त्रीत्व को खो बैठती है।

स्त्री को चाहिए कि अपने पति की आमदनी के अनुसार खर्च करे, प्रतिमास कुछ बचाने का प्रयत्न करे। आमदनी से अधिक, उधार लेकर तो कभी भी खर्च न करे। जो गृहस्थ उधार लेकर खर्च करते हैं, उनका अपना जीवन तो सदा दुखी रहता ही है, ऋण भार से दबे हुए उनके बच्चे भी बहुत क्लेश भोगते हैं। काम भी ठीक ढंग से नहीं हो पाता।

नीति के इन विचारों पर सदा ध्यान देना चाहिए।

अपनी पहुंच विचार के करतब करिए दौर
तेते पांव पसारिए, जेती लंबी सौर।।
कारज वाही को सरै, करै सो समय निहार।
कबहुं न हारे खेल, जो खेलै दांव विचार।।

अधिक खर्च होने में अधिकतर स्त्रियों की विलासिता, फैशन तथा दूसरों की देखादेखी करना ही प्रधान कारण होता है। अतएव इससे बचना चाहिए। स्त्रियों को चटोरेपन से भी सदा बचना चाहिए।

चटोरेपन गृहस्थ को निर्धन कर देता है, क्योंकि धनवान की नित नई-नई बात बनती है और निर्धन की कोई बात नहीं पूछता। जिस पर बीतती है, वही भोगता है। संपत्ति में हजार संगी हो जाते हैं, पर विपत्ति में कोई भी पास नहीं फटकता।

वृक्ष के नीचे निवास करना, घास पर सोना, छाल और पत्ते पहकर लज्जा की रक्षा करना, अच्छा है, परंतु निर्धन होकर बंधुवर्ग में रहना अच्छा नहीं, इसलिए स्त्री को चाहिए कि वह अपनी तथा संतान की जीभ पर काबू रखे, आवश्यकता से अधिक कपड़ा न खरीदे तथा देखा-देखी गहने आदि न बनवाए। जहां तक हो, बाजार से उधार वस्तु कभी न खरीदे, नकद पैसा देकर चीजें लाए। उधार चीजें खरीदने से एक तो बाजार से महंगे भाव पर चीजें मिलती है, दूसरे खर्च का कोई हिसाब नहीं रहता कि कितना हो गया।

नारी गृहस्थली की मूल भित्ति है। वह अपने आचरण का प्रभाव पत्नी रूप से पति पर और मातृत्व से भावी संतति पर डालती है। अतएव उसका शिष्टाचार से संपन्न होना देश एवं समाज की उन्नति के लिए कितना आवश्यक है, यह बताने की आवश्यकता नहीं।

2 गृहस्थ धर्म के कुछ नियम

गृहस्थ धर्म क्या है ? वास्तव में इसका यह अभिप्राय है कि सब मिलकर एक गांठ बांधकर रहें। 'गृह' का अर्थ पकड़ना या इकट्ठा होना या गांठ तथा 'रथ' कहते हैं ठहरना अर्थात इकट्ठे होकर ठहरना और धर्म कहते हैं नियम या कार्य को। इसलिए गृहस्थ धर्म का यही अर्थ हुआ कि वे नियम, जिनसे सबमें प्यार-प्रीति रहे और सबमें एक हो, अर्थात् कुटुंब में जितने मनुष्य हो, उन सबको एक मन होकर मेल से रहना चाहिए। कार्य-व्यवहार चाहे अलग-अलग भी करें, परंतु जैसे पहिए के आरे घूम-घूम कर भी अपनी धुरी पर लगे रहते हैं, इसी प्रकार कुटुंब के समस्त जनों को उद्यम और उपार्जन करने में एकजुट होकर कार्य करना चाहिए।

यह तो था गृहस्थ का अभिप्राय। अब आपको इसके धर्म के विषय में बताते हैं।

सर्वप्रथम इसमें दया का होना अनिवार्य है अर्थात् सब एक दूसरे के प्रति आपस में दया-भाव रखें और एक-दूसरे की सहायता करें। सबको बराबर समझना चाहिए और इस प्रकार बरताव करना चाहिए कि अपने - पराए का भाव न रहे, सब मित्र ही मित्र या प्रियजन ही दीख पड़ें।

गृहस्थाश्रम सबसे बड़ा धर्म

गृहस्थ धर्म अत्यन्त ही कठिन है। इसका पालन सुगम नहीं, क्योकि जितने दूसरे आश्रम हैं, वे सब इसी का भरोसा रखते हैं। यदि यह आश्रम न हो, तो संसार का कोई काम न चले। यहां तक कि सृष्टि चलना भी दूभर हो जाए। ब्रह्मचारी, वानप्रस्थी, सन्यासी इसी पर निर्भर हैं, फिर पालन भी सबका इसी एक आश्रम से होता है। कोई आश्रम ऐसा नहीं, जो इस आश्रम से कुछ-न-कुछ आशा न रखता हो, इसलिए यह आश्रम सर्वोपरि है। यही कारण है कि इसमें विघ्न भी शीघ्र पड़ जाते हैं। इसका निर्वाह बहुत सावधानी से करना चाहिए। यह उस उज्ज्वल और श्वेत आश्रम के समान है, जिसमें तनिक-सा भी मैला छींटा तुरंत ही झलक उठता है। इसके बगैर मनुष्य तरह-तरह के दुःख सहता, इधर-उधर बे-ठौर ठिकाने, स्थान और मति भ्रष्ट हो, डांवाडोल, बुरे-बुरे

कर्मों में फंसा मारा-मारा फिरता है। ऐसी स्थिति में सभी लोग उससे कतराने लगते हैं, कोई उसे अपना नहीं बनाता, वरन् अपने भी पराए हो जाते हैं और पराए तो दृष्टि भी नहीं डालते कि कौन है, इसलिए गृहस्थ वृक्ष की रक्षा अच्छी तरह करनी चाहिए। सदैव शील व सुमति से काम लेना चाहिए कहा भी गया है -

जहां सुमति तहं संपत्ति नाना। जहां कुमति तहं विपत्ति निदाना।।

प्रीति का महत्व

गृहस्थमात्र का धर्म है कि आपस में सदा प्यार-प्रीति से रहें। गृहस्थी के लिए प्रीति अत्युत्तम भाव है। प्रीति से ही जगत बन रहा है। प्रीति ही से मां-बाप अपनी संतान को पालते हैं और उनकी प्रीति के लिए सहस्रों कष्ट और दुःख सहते हैं। प्रीति ही के कारण संतान अपने बूढ़े मां-बाप की सेवा करती है प्रीति ही से स्त्री अपने पति को प्रसन्न रखती है। प्रीति ही से पति अपनी स्त्री को सुख देता है, उसके मन को सब प्रकार से प्रसन्न रखता है। प्रीति ही से भाई बहन को प्यार करता है। प्रीति ही से परदेसी स्वदेशी से भी भला बन जाता है। निदान प्रीति ही ऐसी वस्तु है, जो इस जगत को थामे है, नहीं तो सब आपस में लड़-भिड़कर कट मरते और जो मरते नहीं, तो एक-एक जन, एक-एक वस्तु के लिए तो अवश्य ही भटक-भटककर रह जाता, वह उसे कभी न मिलती। सब अपने-अपने स्वार्थ ही में लगे रहते। कोई किसी का सहायक न होता। यह सब प्रीति के ही कारण है कि व्यक्ति एक दूसरे का सहायक होता है और दूसरे के कष्ट में पड़कर उसका निवारण करता है। प्रीति गृहस्थी के लिए बहुत आवश्यक है, क्योंकि प्रीति की महिला में इस प्रकार कही गई है -

जल पय ससिर बिकाय, देखहु प्रीति कि रीति भली।
बिलग होय रस जाए, कपट खटाई परत ही।।

गृहस्थ धर्म का मूल प्रीति ही है। इस जगत का काम केवल प्रीति ही से चलता है। यदि यह न होती तो कोई काम न चलता।

नम्रता

जिस प्रकार प्रीति इस गृहस्थी का मूल है, वैसे ही नम्रता इसका फूल है। गृहस्थी इस फूल के बिना नहीं सुहाती। जिस गृहस्थी में यह फूल नहीं, उसका होना निष्फल

है, क्योंकि इसी फूल के आने से इस वृक्ष में सुख का फल लगता है, अन्यथा सदैव दुःख ही रहता है। वह नाना प्रकार के कष्ट सहकर अंत में नाश को प्राप्त हो जाता है। यह नियम है कि भारी वस्तु नीचे को झुकती है और हल्की वस्तु ऊपर को उठती है। जिस गृहस्थी में सुख के फल लदे हुए हैं, उसको संसार-भर के मनुष्यों से भारी समझना चाहिए और उसके माथे पर घर-भर का बोझ है इसलिए उसको तो झुकते ही बनता है। जो नहीं झुकता, वह अपनी ऐंठ में बोझ के मारे कमर टूटने से गिर पड़ता है। ओछे जनों की पहचान ही यह है कि सदा मस्तक उठाकर और अकड़कर चलते हैं, जैसे पक्षियों में कौआ, वृक्षों में रेंड़ और सहजना। ओछे व्यक्तियों को जहां थोड़ी-सी प्रभुता मिली या धन हाथ लगा अथवा किसी प्रकार का सुख प्राप्त हुआ कि फिर वे फूले नहीं समाते और अंत में नाश को प्राप्त हो जाते हैं। जैसे -

अंब फले तो नव चले, रेंड़ फले सतराय।
अति को फूल्यो सहजना, फल और मूल नसाय।।

परन्तु जो सज्जन पुरुष होते हैं, वे आम के वृक्ष के सदृश होते हैं, जितना फलते हैं, उतना ही झुकते हैं। रेंड़ और सहजना ज्यों-ज्यों फूलते हैं, त्यों-त्यों भीतर से पोले और निकम्मे होते जाते हैं, पर सज्जन पुरुष इन दोहों को मन में

धारण कर कभी धन, संपत्ति, बल, यौवन और अधिकार पाकर भी घमंड नहीं करतें, क्योंकि इससे क्षुद्रता का दोष लगता है और प्रशंसा के स्थान पर निंदा होती है।

कनक कनक ते सौ गुनी, मादकता अधिकाय।
वहि खाए बौराय, यहि पाए बौराय।।

मर्यादा में रहना आवश्यक

गृहस्थ को चाहिए कि बड़ी से बड़ी संपत्ति पर अधिकार पाकर भी समुद्र की भांति शांत स्वभाव बना रहे और जैसे मेह का पानी पहाड़ो को कोई हानि नहीं पहुंचाता, इसी प्रकार इन विकारी पदार्थों या दुर्व्यसनों से साधुओं की भांति अपने मन को निर्विकार रखें। बरसाती नालों की भांति न बनें, जो थोड़ी सी वर्षा में ही बड़े वेग से बहने लगे और शीघ्र ही विलुप्त हो जाए। गृहस्थ को चाहिए कि अपनी मर्यादा में रहे। कभी मर्यादा का उल्लंघन न करें, क्योंकि मर्यादा-त्याग करने वाले का संग तो क्या लोग स्पर्श तक

नहीं करते। जैसे वर्षा-ऋतु में मर्यादा-त्याग के कारण नदियों का पानी पीना तो दूर रहा, लोग उसमें स्नान करना भी छोड़ देते हैं और जैसे नदियों की मर्यादा के उल्लंघन से उनके आश्रित जीव विफल हो जाते हैं, वैसे ही गृहस्थी में स्वामी की मर्यादा छोड़ने से उसके सब आश्रितजन विपत्तिग्रस्त हो जाते हैं। इस प्रकार गृहस्थ में नम्रता और मर्यादा भी अवश्य ही होनी चाहिए।

संतोष की महिमा

मर्यादा के साथ संतोष भी आवश्यक है। इसके बिना भी गृहस्थ का धर्म नहीं निभता, क्योंकि गृहस्थ सुख के निमित्त है और सुख बिना संतोष के नहीं मिल सकता। कहा भी है - **'संतोषी सदा सुखी'**। संतोषरहित व्यक्ति सदा दुःख ही पाता है। जो सुख उसको मिल रहा है, वह भी दुःख में परिवर्तित हो जाता है। असंतोषी व्यक्ति तो सदा भटकता ही रहता है। उसका मन जब तक सुख को सुख देने वाला नहीं मानता, तब तक सुख भी सुखदायक नहीं होता।

शांति और धैर्य

मनुष्य में शांति सदा ही रहनी चाहिए। संसार में यह बड़ी ही आनंददायक भावना है। परमेश्वर स्वयं शांतिस्वरूप है। शांति को त्यागर व्यक्ति कभी सुख प्राप्त नहीं कर सकता। जब मनुष्य की शांति जाती रहती है, तब क्रोध आदि शत्रु उसके मन में स्थान प्राप्त कर लेते हैं और अपनी आग से उसे जला-जलाकर राख कर डालते हैं। उसके विपरीत शांतिशील मनुष्य अपने शीतल स्वभाव द्वारा उस जलाने वाली आग से बचा रहता है और उसका दूर से ही निवारण कर लेता है। गरम लोहे को ठंडा लोहा काट देता है, परंतु गरम लोहे से ठंडे लोहे का कुछ नहीं बिगड़ सकता।

जैसे संतोष और शांति सुख देते हैं, वैसे ही धैर्य विपत्ति और दुःख आदि को अपने पास नहीं फटकने देता। यदि वे कभी किसी प्रकार आ गए तो धैर्य इन्हें निर्बल करके तुरंत निकाल देता है, गृहस्थी को कुछ बाधा नहीं पहुंचने देता और उनको निर्मूल कर डालता है।

उद्यम

गृहस्थ को इस बात का भी ध्यान रखना चाहिए कि सदा उद्यमी बने रहने ही में

लाभ है। निरुद्यमी कभी नहीं बनना चाहिए। आलस्य का विचार मन में न लाएं क्योंकि आलस्य दरिद्रता है। बिना उद्यम किए गृहस्थ धर्म का पालन कभी नहीं हो सकता। आलसी होकर भूखों मरना पड़ता है। आलस्य धर्मों का नाश करने वाला है। जिस घर में आलस्य धंसा और बसा, समझो उस घर का अंत हो गया। आलसी व्यक्ति को कोई उधार भी नहीं देता। लोग जानते हैं, जब वह अपने घर का सब खा गया तो हमारा कर्जा कैसे चुकाएगा ? जब वह भूखों मरने लगता है तो उसका चित्त बुरे कामों की ओर चलायमान होता है। वह अपने धर्म को छोड़कर भ्रष्ट हो जाता है और फिर थोड़े ही दिनों में नाश को प्राप्त होता है। गृहस्थ को कुटुंब पालन के लिए उद्यमी रहना चाहिए। नहीं तो आलसी मनुष्य सरोवर की भांति सूख जाता है। उद्यमी नदी बहती रहती है। जहां कहीं पानी थोड़ा भी हो जाता है, वहां दूसरी नदियां उसे उद्यमी जान उसकी सहायता को आ मिलती हैं। जो गृहस्थ उद्यमी होता है, उसका कभी कोई काम अटका नहीं रहता। उद्यम के सिवा गृहस्थ को थोड़ा - सा परिश्रम करने की टेव भी रखनी चाहिए। न जाने दैवयोग से कब कैसा समय आ पड़े।

जिसमें परिश्रम करने की आदत नहीं, वह पत्थर जैसी मूर्ति है। जहां रख दी, वहां रखी रही। खिला दिया तो खा लिया और पिला दिया तो पी लिया। ऐसे लोग बाद में बहुत दुःख झेले हैं। आज तो परमेश्वर की कृपा से नौकर-चाकर सब हैं। कल अगर ऐसा हो कि हमको भी कोई सेवा में न रखे तो फिर ऐसी दशा में ऐसे मनुष्य दुःख भोगने और पछताने के सिवाय और कुछ नहीं कर सकते। जिन्हें पहले ही से थोड़ा-थोड़ा परिश्रम करते रहने की आदत होती है, वे दुःख नहीं उठाते।

बड़े-बूढ़ों से परामर्श लें

कुटुंब के बड़े-बूढ़ों से पूछे बिना भी कोई काम नहीं करना चाहिए, क्योंकि उनको अधिक बातें ज्ञात हैं। वे सब जानते-बूझते हैं और बहुत कुछ देख चुके हैं। सब बातों की बुराई-भलाई को सब प्रकार से पहचानते हैं। जो कुछ उनकी आज्ञा हो, वही करना चाहिए। इनकी इच्छा के विरूद्ध कोई काम नहीं करना चाहिए। इससे बहुत ही हानि होने का भय होता है। सब गृहस्थों को ऊपर कही हुई बातों का स्मरण रखकर, उस पर ध्यान देना और उन्हीं के अनुसार व्यवहार करना चाहिए।

कुछ अन्य महत्वपूर्ण बातें

- मधुर वचन बोलने की टेव नहीं छोड़नी चाहिए, क्योंकि मधुर वचन सबको प्रिय होते हैं।
- दुःख-सुख में पड़ोसी की सहायता करनी चाहिए, ताकि वह भी आपके दुःख सुख में आपकी सहायता कर सके।
- किसी के अवगुण न प्रकट करें और निंदा करने का तो स्वप्न भी न देखें। ये दोनों ही दुःख के मूल हैं।
- छोटों पर स्नेह और बड़ों का मान करें, क्योंकि इससे परस्पर प्रेम बढ़ता है।
- कोई भी कार्य सोच-समझकर करें। जो बिना विचार किए कार्य करता है, वह बाद में पछताता ही है।

3 सफल पत्नी बनना एक चुनौती है

जी हां, सफल पत्नी बनना सच में एक चुनौती ही है।

विवाह एक ऐसा बन्धन है, जिसमें बंधने के लिए प्रत्येक नारी लालायित रहती हैं। इसी एक बात से यह साबित होता है कि नारी पुरुषों की तरह स्वच्छंद जीवन नहीं व्यतीत करना चाहती। वह स्वयं को किसी बंधन में बंधा हुआ पाकर

अधिक सुरक्षित महसूस करती है। विवाह के उपरान्त पत्नी तो कोई भी नारी बन जाती है। पत्नी बनकर वह आत्मसंतोष और आनन्द का अनुभव तो कर सकती है, लेकिन पत्नी बन कर औरत को जो सुखद अनुभूति होती है, वह हरेक पत्नी को प्राप्त नहीं होती। जो नारी सफल पत्नी बन जाती है, सही मायनों में वही विवाह जैसे पवित्र बंधन को सार्थक बनाती है और वही नारी सच्चे अर्थों में विवाह का सम्पूर्ण आनन्द प्राप्त कर सकती है.... करती हैं।

वैसे तो पत्नी बनना ही एक संघर्षपूर्ण कार्य है, लेकिन सफल पत्नी बनना तो उससे भी अधिक दुष्कर कार्य है। इस स्थिति को प्राप्त करने के लिए नारी को अग्नि परीक्षा देनी पड़ती है। जैसे आग में जलने के बाद ही सोना कुन्दन बनता है। ठीक वैसे ही नारी को लम्बे और कष्टदायक संघर्ष करने के बाद ही सफल पत्नी बनने का सौभाग्य प्राप्त होता है।

इस सौभाग्य को प्राप्त करने के लिए नारी को अपनी कार्यकुशलता, व्यवहार कुशलता और सहनशीलता का परिचय देना पड़ता है। इससे भी अधिक उसे अपने अहं को हमेशा-हमेशा के लिए आत्मसात कर लेना पड़ता है। जो नारी अपने दिल और दिमाग पर नियन्त्रण रखकर अपने पति को प्यार करती है, वह सफल पत्नी बन जाती है। यहां पर यह बात उल्लेखनीय है कि अपने जीवन में ९५ प्रतिशत गलतियां केवल इसलिए कर जाते हैं, क्योंकि हमें दिल और दिमाग का सही उपयोग करना नहीं आता। हमारे साथ अक्सर यह होता है कि जब हमें दिल से काम लेना होता है तो हम दिमाग से काम लेने लगते हैं और जहां हमें दिमाग का प्रयोग करना होता है, वहां हम दिल का उपयोग कर जाते हैं। इसलिए यह अत्यन्त आवश्यक है कि इन दोनों चीजों का सही

समय पर सही उपयोग किया जाए। जो औरत इन दोनों चीजों में सामंजस्य बिठा कर अपने पति और उसके रिश्तेदारों के साथ व्यवहार करती है, उसे सफल पत्नी बनने का सौभाग्य सहज में ही मिल जाता है।

जिन युवतियों ने प्रेम विवाह किया होता है, उन्हें शादी से पहले अपने प्रेमी में किसी प्रकार की कमी-कमजोरी दिखाई नहीं देती। उस समय तो वे उसे केवल अपने सपनों का राजकुमार ही नहीं, बल्कि सुपरमैन भी समझ रही होती हैं, जो पलक झपकने जितनी देर में ही सारी मुसीबतों और मुश्किलों पर काबू पा लेगा। शादी के बाद जिन्दगी की कड़वाहट और सच्चाई का सामना करने पर जैसे ही उन्हें अपने पति की कमजोरियों का अहसास होता है वे अपना माथा पीटकर रह जाती हैं। वे अपने विवाह पूर्व प्रेम को भूलकर बार-बार अपने पति को उसकी अक्षमताओं और कमजोरियों का अहसास कराने लगती हैं। ऐसा करते समय वे यह बात भी भूल जाती हैं कि कोई भी पुरुष पूर्ण नहीं हो सकता। हर किसी में कोई न कोई कमी होती ही है। जिस क्षेत्र में आदमी परिपूर्ण होता है, उस क्षेत्र में तो वह किसी की भी आवश्यकता महसूस ही नहीं करता। हर व्यक्ति को सहारे की जरूरत केवल उसी क्षेत्र में महसूस होती है, जिसमें वह अपूर्ण अथवा कमजोर होता है। अगर ऐसे में उसकी पत्नी ही उसे जली-कटी सुनाने लगे तो निश्चय ही उनके दाम्पत्य जीवन में दरार पैदा होकर रहेगी। ऐसे में पत्नी को चाहिए कि वह अपने पति की कमजोरियों का ढिंढोरा पीटने की बजाय उसे उन कमियों और कमजोरियों पर विजय प्राप्त करने के लिए निरन्तर प्रेरित करती रहे। अपने पति की कमियों को उछालकर नहीं, बल्कि उनकी कमजोरियों को मिटाने में उसकी सहायक बनकर ही कोई पत्नी पति की पूरक बन सकती है। जो औरत ऐसा करने में सफल हो जाती है, वही अपना पत्नीत्व सार्थक कर सफल पत्नी होने का सौभाग्य प्राप्त करती है।

सफल पत्नी बनने के लिए यह आवश्यक है कि पत्नी अपने पति की रुचियों और उसकी आवश्यकताओं को समझे। एक कहावत है कि पति के दिल में उतरने के लिए पत्नी को पहले उसके पेट में उतरना पड़ता है। स्पष्ट है कि कोई भी पत्नी अपने पति को मनपसन्द भोजन बनाकर ही उसका ध्यान अपनी ओर आकर्षित कर सकती है.... अपने पति का प्यार पा सकती है। इसके साथ ही सफल पत्नी बनने के लिए यह भी जरूरी है कि वह अपने पति की अन्य रुचियों को भी समझे और उनमें उसे पूरा-पूरा सहयोग भी दे। मान लीजिए, कि पुरुष को अध्ययन का शौक है तो पत्नी

को चाहिए कि वह समय-समय पर उसके लिए बाजार से अच्छी-अच्छी पुस्तकें लाती रहे। शादी के बाद अधिकतर पुरुष अपनी पत्नी पर निर्भर करने लगते हैं। वे मुंह से भले ही इस तथ्य को स्वीकार न करें, लेकिन मन ही मन में वे बार-बार चाह रहे होते हैं कि उनके बारे में उनकी पत्नी को इतना ज्ञान तो होना ही चाहिए कि उसे कब किस चीज की आवश्यकता होती है। ऐसे में अगर पत्नी अपने पति का साथ दे दे तो वह अपने पारिवारिक जीवन को खुशियों के सतरंगी रंगों से सजा सकती है।

अपने पति के कार्य से जुड़ जाने वाली महिला तो अपने पति की इतनी प्रिय बन जाती है कि उसके बिना पुरुष स्वयं को हर समय अधूरा-सा महसूस करता रहता है। घर से बाहर होने पर वहां किसी प्रकार की उलझन का सामना होते ही वह यह सोचने लग जाता हैं कि अगर इस समय उसकी पत्नी उसके साथ होती तो वह उसके लिए अत्यधिक लाभदायक सिद्ध हो सकती थी। ऐसी पत्नियां जिनके बिना उनके पति स्वयं को अधूरा महसूस करते हों, सौभाग्यशाली होने के साथ-साथ सफल पत्नी भी होती हैं।

अपने विवाहित जीवन को सुखमय बनाए रखने के लिए कभी भूल कर भी किसी बात को प्रतिष्ठा का प्रश्न नहीं बनाया जाना चाहिए। जो औरत हर बात को अपनी प्रतिष्ठा अथवा अहं से जोड़ लेती है, उसका महत्व दिन-प्रतिदिन कम होता चला जाता है। उसका पति उसे जिद्दी और अधिनायक समझने लग जाता है। विवाहित जीवन में दरार डालने के लिए पति का यह अहसास काफी है। इस अहसास के बाद पति पत्नी से कटता चला जाता है। इसलिए बेहतर यही है किसी भी बात को प्रतिष्ठा का प्रश्न ही न बनाया जाए। इसके विपरीत जब पति को इस बात का अहसास हो जाता है कि उसकी पत्नी उसकी खुशी के लिए अपना सर्वस्व त्याग रही है तो उसका दिल अपनी पत्नी के प्रति स्वयं ही प्यार से भर उठता है। ऐसे हालात में वह अपनी पत्नी को सिर्फ प्यार ही नहीं देता, बल्कि उसकी खुशी के लिए अपनी खुशियों को सहर्ष त्यागने के लिए रजामन्द हो जाता है।

पति की परेशानियों को अपनी परेशानियां समझिए। अगर आप यह मानती हैं कि आपके पति के प्यार पर आपका अधिकार है तो आपको यह भी मान लेना चाहिए कि उसकी परेशानियों पर भी आपका ही अधिकार है। अब यह तो नहीं हो सकता कि आपका पति अपना प्यार तो आप पर लुटाए और अपनी परेशानियों को बांटने के लिए

किसी दूसरे के पास जाए। यह बात हर औरत को हमेशा याद रखनी चाहिए कि पति अपनी सफलता-असफलता और आशा-निराशा के क्षणों में पत्नी का एक ही रूप देखना चाहता है। वह हमेशा उसे अपने पूरक के रूप में पाना चाहता है। वह चाहता है कि उसकी पत्नी उसकी असफलता और निराशा के क्षणों में उसे भरपूर प्यार देकर उसे असफलता से होने वाले तनाव से बचा ले। जो पत्नी ऐसी स्थिति में अपने पति को भरपूर सहयोग देती है, वह अपने पति को सिर्फ निराशा के सागर में डूबने से ही नहीं बचाती, बल्कि अपने पति की सच्ची साथी और पूरक बन जाती है।

अपने पति को लुभाए रखने के लिए यह भी आवश्यक है कि पत्नी समय-समय पर अपनी प्रतिभा का उपयोग करके पति को चमत्कृत और खुश करती रहे। ऐसा करने के लिए पत्नी कभी-कभी कोई नया व्यंजन भी बना सकती है और घर की सजावट को भी बदल सकती है। इसी प्रकार वह अपने पति के लिए नए डिजाइन का स्वेटर वगैरह भी बुन सकती है। माना कि बाजार में तरह-तरह के रेडीमेड स्वेटर आदि मिल जाते हैं, लेकिन हाथ से बुने स्वेटर को पहनने का आनन्द अलग ही होता है और अगर वह प्यार से भेंट में दिया गया हो तो उसका महत्व और भी बढ़ जाता है। अपनी पत्नी के हाथ का बुना हुआ स्वेटर पहनकर पति जिस गर्व और आनन्द का अहसास करता है, उसका इजहार करने के लिए कई बार तो उसके पास शब्द भी नहीं होते। उस स्वेटर को पहनकर कई बार तो उसे यह महसूस होने लगता है, जैसे हर समय उसकी पत्नी की कोमल बांहें उसे अपने घेरे में लिए रहती हों। अपने इस अहसास को वह भले ही शब्दों का रूप न दे सके, लेकिन उसकी आंखें हर समय उसके इस अहसास की महक बिखेरती रहती हैं।

हो सकता है कि पत्नी से कोई ऐसी भूल हो गई हो, जो उसके पति को नागवार गुजरी हो। ऐसी स्थिति में बहुत-सी महिलाओं को अपना स्पष्टीकरण देते हुए देखा जाता है। उनके स्पष्टीकरण का अन्दाज ही कुछ ऐसा होता है, जैसे वे अपनी भूल को स्वीकारने के बजाय यह स्थापित करने का प्रयास कर रही हों कि उन्होंने जो कुछ भी किया था, वह सही था और उन्हें अपनी भूल पर किसी प्रकार की शर्म महसूस नहीं हो रही है। यह छोटी-सी बात पति-पत्नि में कलह पैदा कर देती है। ऐसी स्थिति में पत्नी को बिना झिझक के अपनी भूल स्वीकार कर लेनी चाहिए। यह कतई नहीं भूलना चाहिए कि अपनी भूल को स्वीकारना भी महानता होती है। ऐसा करके पत्नी अपने पति के मन पर जमी

हुई मैल को ही नहीं उतार फेंकती, बल्कि उसके दिल में अपने लिए जगह भी बना लेती है। इससे विपरीत अगर पत्नी यह महसूस करती है कि उससे किसी प्रकार की भूल नहीं हुई है तो यही बात वह अपने पति को उस समय समझा सकती है, जब वह अच्छे मूड में हो। अगर आप सच में ही यह स्थापित करने में सफल हो जाती हैं कि आपने सच में कोई भूल नहीं की थी, मात्र पति का मान रखने के लिए ही उसे भूल के रूप में स्वीकार कर लिया था तो पति की प्रतिक्रिया देखते ही बनेगी। वह मुंह से भले ही मांफी न मांगे, लेकिन अपनी भूल को प्यार में बदल कर वह अपनी पत्नी पर बरसात की तरह बरस पड़ेगा।

यह भी हो सकता है कि आपका अपने पति के साथ किसी बात पर मतभेद हो। उस मतभेद को घर के दरवाजे से बाहर निकालने की बजाय घर की चाहरीदवारी में रह कर ही सुलझाने का प्रयास करें। ऐसा करते समय दोनों पक्षों को यह बात ध्यान में रखनी चाहिए कि उन्हें किसी भी हालत में ऐसे शब्दों का प्रयोग नहीं करना चाहिए, जिससे उनके दिलों में कटुता पैदा हो। अगर पत्नी महसूस करती है कि उसका पति अपनी बात को बदलना ही नहीं चाहता तो पत्नि को ही झुक जाना चाहिए। झुकते समय पत्नी को यह बात ध्यान में रखनी चाहिए कि प्यार में झुकने वाले की ही जीत होती है। उसके बाद जब भी पति को अपनी भूल का अहसास होगा तो वह स्वयं ही अपने दिल की रानी को मनाने के लिए तड़प उठेगा। हां, अगर पत्नी भी अपनी बात अड़ी रहेगी तो छोटी-सी बात भी हिमालय जितना बड़ा पहाड़ बन जाएगी और उस स्थिति मे दोनों पक्षों को ही वापस आना असम्भव हो जाता है। उनकी यही जिद उनके दाम्पत्य में दरार पैदा कर देती है। इसलिए जिस स्थिति का कलहपूर्ण हो जाना सम्भावित हो, उसमें पत्नी को ही परिवार के हित, खुशी और शान्ति के लिए अपनी हार स्वीकार कर लेनी चाहिए।

यह भी देखा गया है कि बहुत से पुरुषों के सम्बन्ध शादी से पहले ही किसी अन्य औरत के साथ होते हैं और शादी के बाद भी वे उन सम्बन्धों को पहले की तरह से ही कायम रखना चाहते हैं। अपने पति के इस प्रकार के सम्बन्धों का ज्ञान हो जाने पर पत्नी को हाय-तौबा मचाने की बजाय सहनशीलता और धैर्य से काम लेना चाहिए। उसे यह मान कर चलना चाहिए कि ऐसे सम्बन्धों का अन्त अक्सर वापसी में ही होता है, क्योंकि पति को जो सुख और तृप्ति पत्नी दे सकती है, वह दूसरी ओरत नहीं दे

सकती। समझदार पत्नी ऐसी औरत को अपने और अपने पति के बीच किसी 'गॉसिप मैग्जीन' से अधिक महत्व नहीं देती। जिस प्रकार चटकारे ले-लेकर पढ़ने के बाद गॉसिप मैग्जीन को व्यर्थ की चीज समझकर फैंक दिया जाता है, ठीक उसी प्रकार समय बीतने के साथ दूसरी औरत भी पुरुष को व्यर्थ की चीज दिखाई पड़ने लगती है, लेकिन वह समय आने तक पत्नी को सहज और सरल ही बनी रहना चाहिए। इसके साथ ही पत्नी को अपने भीतर की औरत पर भी सम्पूर्ण विश्वास होना चाहिए। अगर वह सच में ही सम्पूर्ण औरत है तो उसका पति अधिक समय तक किसी औरत की जुल्फों में उलझा नहीं रह सकता।

आजकल नारी स्वतंत्रता के नाम पर महिलाओं को उकसाया जा रहा है। मैं तो यहां तक कहने को तैयार हूं कि इस नारेबाजी से महिलाओं को शोषण किया जा रहा है............ बस शोषण करने का ढंग और अन्दाज नया है।

इन महिलाओं की तुलना बेल से की जाती है। कहा जाता है कि बेल अपने पास वाले पेड़ का सहारा पाकर बहुत जल्दी फलती-फूलती है, उसी प्रकार औरत भी अपने करीबी मर्द का सहारा पाकर फलती-फूलती है और यह सच भी है। औरत का करीबी मर्द उसके पति के सिवा कौन हो सकता है ? और अपने पति का सहारा पाकर ही यह फलती-फूलती भी है।

हमें यह नहीं भूलना चाहिए कि मधुरता, कोमलता और सहनशीलता ही हम महिलाओं के असली आभूषण हैं। इन्हीं गुणों का उपयोग करती हुई हम अपने अहं को समाप्त करके अपने पति की पूरक बन सकती हैं। हमें यह भी नहीं भूलना चाहिए कि असफल पत्नी वही होती है, जो हमेशा आवेश से काम लेती है या फिर अपने पति के अहं को कचोटती हुई उसकी उपेक्षा करती है। सफल पत्नी बनने की चुनौती को केवल वही औरत स्वीकार कर सकती है, जो अपने अहं और आवेश को त्याग कर हर समय अपने पति पर प्यार की बरसात करती हुई उसमें समा जाने के लिए तत्पर रहती है।

4 आपसी मन-मुटाव की जड़ "ईगो"

पति या पत्नी की सफलता में दोनों का एक-दूसरे का साझीदार बनना आवश्यक है, तभी ईगो की भावना जन्म नहीं ले सकती। ईगो की भावना न पनपने पाए और आपसी मनमुटाव न बढ़े, इसके लिए निम्न बातों का ध्यान रखना चाहिए:

- पति के सामने उसकी अक्षमताओं व कमजोरियों का वर्णन करना कठीन नहीं। पति जैसा भी है, उसे समझें व स्वीकारें।
- यदि पत्नी को परिवार के किसी अन्य सदस्य की अक्षमता या कमजोरी का ज्ञान है, तो उसका जिक्र बाहर वालों के सामने न करें, न ही उसका मजाक़ उड़ाएं। यदि उस सदस्य की उस कमी से ऊपर उठने की प्रेरणा देना हो, तो अकेले में या सही तरीके से देना चाहिए।
- किसी बात को प्रतिष्ठा का प्रश्न न बनाएं। यदि कोई स्त्री हर बात को अपनी प्रतिष्ठा का प्रश्न बनाने लगती है और 'ईगो' की भावना अपना लेती है, तो परिवार में उसका महत्व समाप्त होने लगता है।
- यदि आपको अपने पति या परिवार के किसी सदस्य की कोई बात बुरी लगी है या जल्दी क्रोध आ जाता है, तो दिल में उठने वाली भावना व विचारों कों तुरंत प्रकट न करें। कुछ मिनट सोचकर ही बात कहें। सोच-समझकर बात कहने से गलती होने की संभावना कम हो जाती है।
- पति-पत्नी को एक-दूसरे की सफलता को अलग-अलग दृष्टि से नहीं देखना चाहिए, क्योंकि दोनों ही एक-दूसरे के पूरक हैं। अपनी उच्चता स्थापित करने का प्रयास न करें।
- यदि पत्नी किसी क्षेत्र में अधिक सफल है, तो उसे इस पर धौंस जमाने का प्रयास नहीं करना चाहिए।
- पति-पत्नी यदि सभी कार्य एक-दूसरे की खुशी के लिए करें, तो 'ईगो' की भावना पैदा ही नहीं होगी।

- समझौते के लिए बेहिचक पहल करें। यह न सोंचे कि इसमें आपकी हेठी होगी।
- कोई गलती हो जाने पर उसे स्वीकार करना सीखें। गलती सभी से होती है, उसे मानने में कोई शर्म नहीं होनी चाहिए।
- गलती करके बहस करना और भी बड़ी नादानी है, जबकि भूल को स्वीकारना महानता है। गलती स्वीकार करने से अपने लोगों का आप पर विश्वास बढ़ता है।
- पति की परेशानियों को अपना समझें। यह नहीं कि पति किसी कारण परेशान है और आप अपना दिन मिलने-जुलने और हंसी-दिल्लगी में गुजार रही हैं। जब स्त्री पति से प्यार की आशा करती है, तो पति परेशानियों में उसकी हिस्सेदारी भी चाहता है। पति अपना प्यार पत्नी पर लुटाएगा, तो परेशानी भी उसी के साथ बांटना चाहेगा।
- यदि किसी बात पर मतभेद है और पति किसी भी हालत में बदलने या झुकने को तैयार नहीं है, तो इसे अपनी प्रेस्टीज का मुद्दा न बनाएं। आप झुक जाएं और आपसी सहयोग का प्रयास करें। यह बात याद रखें, प्यार में झुकने वाले की सदा जीत होती है।
- अपनी सफलता पर पति को धन्यवाद दें। जीवन में कोई भी सफलता उसके सहयोग के बिना नहीं मिल सकती। अतः अपनी उन्नति या सफलता पर खुद ही न इतराती रहें। अपने जीवनसाथी को अवश्य साथ लें। यदि हो सके तो तो पति के लिए कोई उपहार लाकर दें।
- आपसी मतभेद में समस्या को आपस में ही बातचीत करके सुलझाने का प्रयास करें। अपनी ईगो के कारण उसे चारदीवारी से बाहर न फैलाएं। न ही अपने मायके वालों से दबाव डलवाने की नीति अपनाएं।
- सदैव याद रहे कि ईगो प्यार का दुश्मन है। इससे मसले सुलझते नहीं और भी उलझ जाते हैं। अतः जीवन में मधुरता व सहनशीलता के गुण अपनाएं।

सॉरी कहना कोई अपमान की बात नहीं है

यदि पत्नी अपना दांपत्य जीवन सुखी व्यतीत करना चाहती है, तो यह पाठ सदैव

याद रखना चाहिए कि सॉरी कहना कोई अपमान या कमजोरी की बात नहीं है। कुछ स्थितियों में तो यहां तक हो सकता है कि स्त्री से गलती हुई ही न हो, पति अत्यंत जिद्दी और अहंकार से पूर्ण हो और वह पत्नी पर ग़लतियां थोप देता हो, परंतु यदि केवल 'सॉरी' कहने से बात निपट जाती है, तो पत्नी को 'सॉरी' कहने में शर्म महसूस नहीं करनी चाहिए। वह चाहती है कि परिवार में शांति रहे और वह अपने पति का जिद्दी स्वभाव भी जानती है, तो परिस्थितियों से समझौता करने की खातिर उसे उस वक्त 'सॉरी' बोल देना चाहिए। बाद में वातावरण शांत होने पर पत्नी अपनी वस्तुस्थिति स्पष्ट कर सकती है।

हर व्यक्ति को इस बात को इस प्रकार स्वीकारना चाहिए कि गलततियां करना मानव का स्वभाव है, अतः भूल किसी से भी हो सकती है। अतः भूल करके उसे स्वीकार न करना और भी बड़ी भूल है। मनोवैज्ञानिक सुषमा राय बताती हैं कि भूल करने के पश्चात भूल न मानना बहुत बड़ी भूल है, लेकिन भूल करने के बाद भूल को मान लेना व्यक्ति की मजबूती तथा विनम्रता का प्रमाण है।

भूल को मानकर 'सॉरी' कहना सच्चाई का प्रमाण

यदि पत्नी कोई भूल या गलती हो जाने पर उसे तुरंत स्वीकार कर लेती है, तो पति के हृदय में बस जाती है। गलती करके उसे मान लेना पत्नी की सच्चाई का प्रमाण है। पति समझता है कि उनके रिश्तेदारों में सच्चाई है और उसकी पत्नी उसके प्रति सच्ची सद्भावना रखती है।

यदि आप 'आई एम सॉरी' के तीन शब्दों का प्रयोग अपनी बात में करती हैं, तो यह आपकी विनम्रता का परिचायक है, क्योंकि पति यह समझता है कि आपसे जो गलती हुई है, उस भूल को आपने कबूल किया है और आप उस जिम्मेदारी से बचने का प्रयास नहीं कर रही है। इससे पति के मन में आपके प्रति विश्वास पैदा होगा।

मनोवैज्ञानिक कहते हैं, 'आई एम सॉरी' ये तीन शब्द बड़े कमाल के हैं। ये व्यक्ति की बड़ी-से बड़ी गलती माफ़ करवा सकते हैं। बशर्ते कहने वाले का अंदाज ठीक हो।

इस भ्रामक धारणा को दिल से निकाल देना चाहिए कि भूल को स्वीकार करना या माफी मांगना अपनी कमजोरी प्रदर्शित करना है या अपनी अपराध भावना को स्वीकार करना है।

यदि हमसे गलती हो जाए तो उसे अनदेखा नहीं करना चाहिए। हम यह समझते हैं कि गलती को अनदेखा करके अन्य लोग उस गलती की ओर ध्यान नहीं देंगे, तो यह धारणा गलत है। यदि आपने कोई गलती की है, तो उससे कोई न कोई आहत अवश्य हुआ होगा। जो आहत हुआ है, उसने आपकी गलती को अवश्य ही महसूस किया होगा। यह हो सकता है कि दूसरा व्यक्ति आपकी गलती से आहत भी हो और आपको इसका अहसास भी न कराए।

यदि पत्नी गलती होने पर उसे अनदेखा करना चाहती है, तो कहीं-न कहीं पति के मन में पत्नी के प्रति गलत भावना पैदा होगाी और उसके व पति के मन में मन-मुटाव बना रहेगा। यह मन-मुटाव अधिक बढ़ जाए तो संबंध टूटने की संभावना बनी रहती है।

पत्नी से कोई भूल हो जाए, कोई संदेश या कार्य करना भूल जाए, जन्म-दिन या वर्षगांठ यादरखना भूल जाए या बिना बात किसी पर क्रोधित हो उठे या उसकी कोई गलती या झूठ पति द्वारा पकड़ा जाए, तो पत्नी को चाहिए कि इधर-उधर के झूठे बहाने बनाने का प्रयास न करे, बल्कि सच्चाई के साथ अपनी गलती को स्वीकार कर ले और बोले, "डियर आई एम सॉरी"।

5 पति की प्रकृति को अच्छी तरह जानें

इस धरती पर जिस प्राणी ने भी जन्म लिया है, उसका जीवन जीने का व व्यवहार करने का तरीका दूसरे प्राणी से एकदम भिन्न होता है । किसी भी परिवार में दो सगी बहनों या भाइयों का व्यवहार एक समापन नही हो सकता। यहां तक कि जुड़वां भाई-बहनों का व्यवहार एक-दूसरे से सर्वथा भिन्न पाया जाता है ।

विवाह दो आत्माओं का मिलन है, जिसमें दो भिन्न परिस्थितियों में पले-बढ़े होने के कारण उनकी प्रकृति भी भिन्न होती है । इस कारण अक्सर विवाह के कुछ वर्षों के भीतर ही कई दंपतियों में आपसी बहस व झगड़े होने लगते हैं । पति के साथ तालमेल बैठाने के लिए पत्नी को पति की प्रकृति समझना बहुत आवश्यक है, तभी वह पति के दिल की रानी बनकर राज कर सकती है ।

दूसरे को समझकर ही तालमेल संभव

कुछ दंपतियों में आपसी तालमेल इतना अच्छा होता है कि देखते ही बनता है । ऐसा लगता है कि उन्हें ईश्वर ने एक-दूसरे के लिए ही बनाया है । ऐसा प्रायः तभी संभव हो पाता है, जब पति-पत्नी एक-दूसरे को समझने का प्रयास करते हैं और आवश्यकता के अनुसार स्वयं को बदलने की प्रक्रिया में रहते हैं । पति के हर विचार व व्यवहार से सामंजस्य बैठाने के प्रयत्न से ही तालमेल संभव है । यही ऐसा रास्ता है, जो रिश्तों को प्रगाढ़ बनाता है ।

पुरूषों की प्रकृति

ऐसा समझा जाता है कि प्रायः पुरूष बहुत गुस्सैल व अपनी बात मनवाने वाले होते हैं । ऐसा शायद इसलिए होता है कि उन्हें बचपन में ही उनकी अहमियत का अहसास कराया जाता है । लड़का होने के नाते उनकी हर इच्छा को पूरा करने का प्रयास किया जाता है । विवाह के पश्चात वे उसी पुरूष-अहम् के नाते पत्नी से हर बात मनवाने की इच्छा रखते हैं, परन्तु हरके में अनेक अच्छाइयां होती हैं, तो कुछ बुराइयां भी मौजूद रहती हैं ।

कुछ पुरूष दब्बू ओर 'कन्फ्यूज्ड माइंड' यानी विभ्रम में पड़े हुए होते हैं । ऐसे पुरूष प्रायः निर्णय लेने में हिचकिचाते हैं। वे अक्सर अपने बड़े भाई, भाभी, पिता या मां की सलाह के बिना कोई बड़ा निर्णय नहीं ले पाते । ऐसे में विवाह हो जाने पर पत्नी अपने पति से अपेक्षा करती है कि महत्वपूर्ण मसलों पर वह स्वंय निर्णय ले, लेकिन पति की दूसरों पर निर्भर रहने की आदत के कारण पत्नी कुंठा का शिकार होने लगती है । यदि पत्नी समझदार व योग्य हो, तो पति के व्यवहार में आत्मविश्वास पैदा कर सकती है, जिससे वह निर्णय लेने लगे । पहले वह धीरे-धीरे- पत्नी की सलाह से आगे बढ़ सकता है । वाद में स्वयं निर्णय लेने की क्षमता हासिल की जा सकती है ।

कुछ पुरूष दंभी और हठी होते हैं । ऐसे पुरूष पत्नी से किसी भी प्रकार का सहयोग करना पसंद नहीं करते । उन्हें केवल हुक्म चलाने की आदत होती है । यदि पत्नी समझदार हो, तो ऐसे पति से रिश्ते आसानी से निभ जाते हैं, अन्यथा रोज-रोज की तकरार और झगड़ों की नौबत आ जाती है। पत्नी शुरू में ही जान ले कि उसका पति हठी और जिद्दी स्वभाव का है, तो उसी के साथ उसी के अनुरूप तालमेल बिठाने का प्रयास करना चाहिए। पति की इन आदतों में यदि बदलाव चाहें, तो वह भी अपने मधुर व्यवहार से ला सकती हैं। कोई भी पुरूष विवाह के प्रारंभिक दिनों में पत्नी को नाराज नहीं होने देना चाहता । पत्नी शुरू मे ही पति की मानसिकता समझ जाए, तो उसे धीरे-धीरे पति को अहसास कराना चाहिए कि नम्र स्वभाव का क्या लाभ है? जिद्दी व्यक्ति के स्वभाव को प्यार से बदला जा सकता है, जिद या जोर-जबरदस्ती से कभी नहीं। पत्नी सभी बातों पर सहमति जताकर अपने पति का विश्वास हासिल कर ले, तो यह बदलाव का जादू सिर चढ़कर बोलता है। प्रायः दंभी व हठी पुरुषों को स्त्रियां पसंद नहीं करती। बेशक वह मुंह से पति से कुछ न कह सकें, परंतु मन ही मन कुढ़ती रहती हैं। पत्नी सुसंस्कृत, पढ़ी-लिखी व होशियार हो, तो ऐसे पति के व्यवहार में अवश्य बदलाव ला सकती है। यदि बदलाव न भी ला सके, तो उसे पारिवारिक तालमेल बैठाने के लिए पति की प्रकृति के अनुसार आचरण करना चाहिए, तभी परिवार की नदी प्रेम के जल से परिपूर्ण हो सकेगी।

इसी प्रकार कुछ पुरुष बातूनी होते हैं। जब तक वे अपनी बात विस्तार से न सुना दें, उन्हें चैन नहीं मिलता। ऐसे पति की बात सुनते वक्त पत्नी को बहुत धैर्यवान रहने की आवश्यकता है। उनकी बात बीच में काट दी जाए, तो वे क्रोधित हो उठते हैं। कुछ

पति यह जांचने के लिए कि पत्नी बात को ध्यान से सुन रही है या नहीं, पिछली बात के बारे में पूछ बैठते हैं, जिससे पत्नी हड़बड़ा जाती है और पति के क्रोध का शिकार बन जाती है।

कुछ पति अत्यंत सहनशील व सहयोगी होते हैं। प्रायः ऐसी प्रकृति वाले पुरुष वे होते हैं, जिन्होंने अपने पिता या अन्य बुजुर्ग को मां, दादी आदि से सहयोग करते देखा है। ठीक इसके विपरीत कुछ ऐसे व्यक्ति भी सहनशील व सहयोगी हो सकते हैं, जिन्होंने अपने पिता को अत्यंत गुस्सैल देखा हो, जिसके कारण उनकी मां सदैव दुखी रही हो। इससे सबक लेकर उन्होंने पत्नी से सहयोग का निर्णय लिया हो। पत्नी को पति के ऐसे व्यवहार की सदैव प्रशंसा करनी चाहिए, ताकि पति को अपने सहयोग पर खुशी अवश्य हो, परंतु पत्नी को यह भी ध्यान रखना चाहिए कि उसकी अत्यधिक प्रशंसा पति को चने के झाड़ पर चढ़ा सकती है, जिससे पति घमंड में आकर अपना व्यवहार बदल सकता है।

कुछ पुरुष सारे निर्णय अकेले करना चाहते हैं और स्वयं को सर्वोपरि मान कर अपना फैसला अटल रखना चाहते हैं। पत्नी को पति की भावनाओं का ध्यान रखना चाहिए। पत्नी चाहे, तो अपनी कुशलता से पति के ऐसे व्यवहार में परिवर्तन ला सकती है। यह परिवर्तन समय के साथ धीरे-धीरे ही संभव है। कुशल पत्नी अपनी योग्यता के बल पर पति को कभी-कभार सलाह दे और वह पति को पसंद आ जाए, तो वह स्वयं ही कोई बड़ा निर्णय लेने से पूर्व पत्नी की राय लेने लगेगा।

पति की बार-बार सफाई की आदत, पत्नी को सफाई के लिए टोकने की आदत, बच्चों को डांटने की आदत, अपने बड़ो से ठीक व्यवहार न करने की आदत, बात-बात में बुरा कहने की आदत, बिना बात बहस और झगड़ा करने की आदत, गंदगी फैलाने की आदत आदि ऐसे अनेक उदाहरण हैं, जिनका पत्नी को सामना करना पड़ता है। पत्नी पति के ऐसे आचरणों को अच्छी तरह समझ ले और उसी के अनुरूप व्यवहार करे, तो जीवन में कोई कठिनाई नहीं आने वाली।

6 दाम्पत्य संबंधों की सरसता : बातचीत

यदि पुरुष जीवन रथ का सारथी है, तो स्त्री इस रथ की धुरी है। पुरुष अपने पुरुषार्थ से बाहरी क्षेत्र में प्रगति करता है, तो स्त्री इस प्रगति को घर के अंदर सहेज-संवार कर रखती है। वास्तव में संपूर्ण जीवन की सरसता पति-पत्नी के भावनात्मक जुड़ाव से जुड़ी हुई है। भावनाओं के इस जुड़ाव को मूर्त रूप देने के लिए विभिन्न प्रकार की शारीरिक क्रियाओं से अभिव्यक्त करते हैं। वाणी मनुष्य को दी गई सर्वोत्तम ईश्वरी देन है। मनुष्य अपने विचारों, भावों, इच्छाओं, भावनाओं यहां तक कि प्रणय की अभिव्यक्ति भी वाणी के माध्यम से कर सकता है, लेकिन इसे विडंबना ही कहना चाहिए कि हम प्रायः अभिव्यक्ति की इस श्रेष्ठ शक्ति का उपयोग अपने संबंधों की मधुरता के लिए नहीं करते। यदि कहीं करते भी हैं, तो उस रूप में नहीं करते जिस रूप में इसकी सार्थकता और बढ़ सके।

कठोर, शुष्क और कर्कश वाणी में वह प्रभाव नहीं होता जो स्निग्ध, मधुर और शिष्ट वाणी में होता है। परस्पर संबंधों की मधुरता, सामीप्य और निकटता के लिए पति-पत्नी को मिल-बैठकर आपस में बहुत सी बातें करनी चाहिए। पति-पत्नी में बातों की कोई सीमा नहीं होती। कोई विषय निर्धारित नहीं होता।

चूंकि पति-पत्नी में बातों का कोई विषय नहीं होता इसलिए एक-दूसरे से उनकी रुचि की बातें ही करें। इन क्षणों में एक-दूसरे की इच्छाएं जानें और फिर उन्हें विश्वास में लेकर इन इच्छाओं की पूर्ति करें। एक-दूसरे के विचारों को मान्यता, प्रतिष्ठा दें। पारिवारिक विवादों, समस्याओं, आर्थिक अभावों का रोना ऐसे क्षणों में न रोएं।

वाणी के इस माध्यम से जहां आप आपसी गलतफहमियों को दूर कर सकती हैं, वहीं परस्पर आ गई कटुता को भी सहज-सरलता से सुलझा सकती हैं। कभी-कभी अहम के मारे अथवा कुछ संकोच के कारण भी बहुत-सी बातें आपस में अनकही रह जाती हैं। भय, शर्म और झिझक के कारण भी पति-पत्नी चाहते हुए भी कुछ बातें नहीं कह पाते। कुछ महिलाएं पति के आतंक के कारण उनसे उचित संवाद स्थापित नहीं कर पातीं। इन सबका परिणाम यह होता है कि भावनाएं अतृप्त रह जाती हैं। कभी-कभी तो पति-पत्नी वर्षों साथ-साथ रहने के बाद भी उतने नहीं घुल-मिल पाते, या फिर कुछ

महिलाएं अपनी बात न कहरकर अपने आपको उपेक्षित पाकर 'मुंह फुला' लेती हैं। आपस में अनबोला बनाए रखती हैं। ऐसे परिवारों में बातचीत के अभाव के कारण कभी-कभी स्थिति बड़ी विस्फोटक हो जाती है। सास-बहू में तो शीत युद्ध छिड़ा ही रहता है। तनाव बढ़ता ही रहता है। गलतफहमियां बढ़ती ही रहती हैं और पति-पत्नी नदी के दो-किनारे बनकर रह जाते हैं। पति कुढ़कर एक ओर सो जाता है और पत्नी लगातार दाम्पत्य जीवन का तनाव सहती रहती है। रात के समय छुप-छुपकर रोती रहती है।

ऐसे पति-पत्नी ही अपमान के कड़वे घूंट पीते-पिलाते हैं। ऐसे व्यवहार जहां दाम्पत्य संबंधों की सरसता को सोखते हैं, वहीं पति-पत्नी में जुड़ाव के अवसर भी समाप्त होते जाते हैं। इसलिए पति-पत्नी दाम्पत्य जीवन में ऐसे अवसर न आने दें। बातचीत कर बड़ी से बड़ी समस्या का सम्मानजनक समाधान निकल ही आता है।

ध्यान रखें कि आपकी हल्की सी मुस्कुराहट और बोलती आंखे आपके दाम्पत्य संबंधों की सरसता को बढ़ाते हैं, तो फिर मुंह से बोलकर तो आप फूल ही फूल बिखेर सकते हैं। अतः सदैव इस तरह रहें -

- बातचीत में मधुर हास्य बिखेरें।
- प्यार भरी मीठी बातें करें। पत्रों में लिखें।
- पुरुष मित्रों से संबंधों की पारदर्शिता बनाए रखें।
- पति के मित्रों के मन में आई गलतफहमी को अपने स्तर पर ही दूर कर दें।
- आंखे नीची कर बात करें। इसमें शिष्टता झलकती है।

ध्यान रखें कि -

- आंखे लड़ाने की आदत अच्छी नहीं है, इससे बचें।
- द्विअर्थी बातचीत में रूचि न लें।
- पति-मित्रों के साथ असहज होकर रम्मी, ताश-पपलू खेलने जैसा व्यवहार न करें।
- किसी बात में असहमति होने पर मुंह न फुलाएं।
- पति अथवा पत्नी की कमजोरियों की बातें मित्र मंडली में न करें।

पत्नी जब आपसे बातें कर रही हो तो भले ही उसकी बात न सुनें, मगर उसकी ओर मुस्कुरा कर देख अवश्य लें, जिससे वह आपकी आत्मीयता के प्रति शंकालु न हो।

7 पति-पत्नी बनें समझदार दोस्त

कहते हैं कि पति-पत्नी यदि चाहें, तो एक-दूसरे के सबसे अच्छे मित्र बन सकते हैं। पति-पत्नी के ये मैत्री संबंध परस्पर समझदारी की एक ऐसी सोच है, जो दोनों को न केवल निकट लाती है, बल्कि एक-दूसरे की समस्याओं को भी हल करती है। शादी की सप्तपदी में भी कहा जाता है कि आज से आप दोनों सच्चे मित्र बन गए हैं, संकल्प करें कि आपके मैत्री संबंध सुदृढ़ बनें।

पति-पत्नी के ये अंतरंग संबंध भी प्रारंभ में उन्हें सहज, सरल व्यवहार नहीं करने देते। वे भी आपस में कभी कहीं लज्जा अथवा संकोच का अनुभव करते हैं तो कहीं अति संवेदनशीलता का परिचय देते हुए इतने डरे-डरे से रहते हैं कि स्वयं भी यह नहीं समझ पाते कि वे अपने नए जीवन साथी के साथ कैसा व्यवहार करें। भावनाओं की संवेदनशीलता का यह व्यवहार भी उन्हें न केवल एक-दूसरे के निकट लाता है, बल्कि उन्हें मैत्री भावों से युक्त करता है। इसलिए प्रारंभिक दिनों में दोनों ही ये प्रयास करते हैं कि उनमें सहज, सरल व्यवहार बना रहे, ताकि संबंधों में कहीं कोई दरार न आ जाए।

पति-पत्नी दोनों ही इस अवस्था में एक-दूसरे को अपना अंतरंग मित्र बनाना चाहते हैं। एक ऐसा मित्र, जिससे वे अपने दिल की बात खुलकर कह सकें, अपनी हर तरह की समस्या का समाधान कर सकें। इस प्रकार की सोच और समस्याओं को हल करने का यह व्यवहार जहां उनके मैत्री संबंधों को बढ़ाता है, वहीं उनमें तनाव की स्थिति भी निर्मित नहीं होने देता। यदि पति-पत्नी एक-दूसरे को बहुत अधिक चाहते हैं, सुंदर हैं, एक-दूसरे के सपनो को साकार करने वाले हैं, स्मार्ट और मनपसंद हैं, तो उनमें ये मैत्री संबंध शीघ्र ही सुदृढ़ होकर एक-दूसरे की आंखों में दिखाई देने लगते हैं। दोनों खुलकर अपनी किसी समस्या पर विचार-विमर्श करते हैं, मिल बैठकर ऐसी समस्याओं को सुलझा लेते हैं। चंकि अब तक दोनों एक-दूसरे की कमियों-विशेषताओं, इच्छाओं से परिचित हो जाते हैं, इसलिए उनके बीच कोई बात छिपी नहीं रहती। दोनों 'एक ने कही दूजे ने मानी' जैसी सोच अपनाकर समस्याएं हल करते हैं। ऐसी स्थिति में यदि

दोनों की सोच में अंतर आ जाए, तो एक-दूसरे की समस्याओं को ही बड़ी समस्या बना सकते हैं, एक-दूसरे की समस्या का मजाक बना सकते हैं। चूंकि पति-पत्नी एक-दूसरे के हमराज होते हैं, इसलिए दोनों आपस में विश्वासपात्र भी होते हैं, यदि वे एक-दूसरे के विश्वासपात्र न बन पाएं, तो खतरनाक भी सिद्ध हो सकते हैं।

यौन संबंधी अनेक समस्याएं कई मनोचिकित्सकों के पास आती हैं, जिनका समाधान केवल पति-पत्नी की सोच होती है। यदि दंपति एक-दूसरे के साथ सहयोग कर, उसे अपने विश्वास में लेकर कदम बढ़ांए, तो इसका समाधान अपने स्तर पर ही कर सकते हैं।

अनेक घटनाएं हमारे सामाजिक जीवन में रोज घटित होती हैं, जिसमें यह बात खुलकर सामने आ जाती है कि यदि पति-पत्नी के मैत्री संबंधों में कहीं भी किसी तीसरे का प्रवेश हो जाता है, तो परिवार पतन की कहानी बन जाता है। बाहरी किसी दोस्त का घर में प्रवेश एक सीमा से अधिक बिल्कुल नहीं होना चाहिए। यदि पति-पत्नी का मित्र आपकी किसी भी कमजोरी से परिचित हो जाएगा, तो उसका परिणाम अच्छा न निकलेगा। यहां इसका यह अर्थ बिल्कुल नहीं लगाना चाहिए कि मित्रों पर अविश्वास किया जाए। समस्या मित्र की नहीं, पति-पत्नी के संबंधों की है। यदि पत्नी का लगाव ही मित्र की ओर होने लगेगा, तो मित्र क्या करे ? मित्र की इच्छा तो यह होती है कि वह पति-पत्नी दोनों को प्रसन्न और खुश और संतुष्ट देखे। यदि पत्नी अपने पति के बारे में कुछ ऐसी बातें अपने किसी मित्र को बताती है, तो समझ लीजिए कि उसकी आपसे क्या अपेक्षाएं हो सकती हैं ? इसी प्रकार से यदि कोई बाहरी व्यक्ति आपके शयन कक्ष तक पहुंचकर अपनी पत्नी की कुछ कमजोरियों का व्याख्यान आपसे करता है, तो इसका अर्थ भी आपको समझना चाहिए। स्त्रियों से मैत्री संबंधो की जहां भी सीमा से अधिक छूट मिलती है, वे संबंध अपने घातक परिणाम परिवार के सामने रखते हैं। इस विषय में इस सोच को अपनाएं कि यदि पति-पत्नी एक-दूसरे के अंतरंग मित्र नहीं बन पाते, एक-दूसरे को समझने में कहीं भीं उदासीनता अथवा कोताही बरतते हैं, तो वे घर के बाहर ऐसे मित्रों की तलाश में रहते हैं। यह सत्य है कि स्त्रियां पुरूषों से मैत्री संबंध बढ़ाना चाहती हैं और पुरूष स्त्रियों से, इसलिए यह बहुत आवश्यक है कि पति-पत्नी एक-दूसरे के समझदार, अंतरंग मित्र बनें। एक-दूसरे के सवालों के उत्तर अपनी आंखों से दें। इस विषय में इस बात का भी ध्यान रखें कि पति के प्रश्न पत्नी के प्रश्नों से ज्यादा कठिन न हों।

कुछ पति-पत्नी घर में आने वाले मित्रों, सहेलियों के प्रति इतने सशंकित और डरे-डरे रहते हैं कि वे यह बिल्कुल पसंद नहीं करते कि उसकी कोई सहेली अथवा मित्र उसके पति अथवा पत्नी से बात करे, मिले या हंसकर बोले। वास्तव में इसके पीछे भी एक ही तनाव काम करता है कि कहीं अगले का जादू उसके पति या पत्नी पर न चल जाए। जब विवाह के बाद लड़कियां अपने पति के साथ आती-जाती हैं, तो कई सहेलियां कुछ अधिक ही चुहलबाजी करती हैं। यह चुहलबाजी, छेड़छाड़, द्विअर्थी संवाद आदि ही पति-पत्नी के संबंधों पर भारी पड़ने लगते हैं और फिर अनावश्यक रूप से ही तनावों का सिलसिला शुरू हो जाता है। एक बार परिचय हो जाने के बाद जब पति-पत्नी के मित्रों का घर आना-जाना शुरू हो जाता है, तो फिर समस्याएं तो पैदा होती ही हैं। समझदारी तो इसी में हैं कि पति-पत्नी आपसी संबंधों को इतना अधिक सुदृढ़ बनाएं कि तनाव की स्थिति निर्मित ही न हो। आखिर समझौता तो पति-पत्नी को ही करना पड़ता है। चूंकि शादी के बाद लड़के-लड़की का एक अपना घर-संसार होता है, इसलिए उसे अपने इस घर-संसार की धुरी पर ही केंद्रित रहना चाहिए। यही दोनों का परम धर्म होता है।

विवाह के बाद लड़के-लड़की में एक नए जीवन की शुरूआत होती है। विवाह पूर्व के सारे रिश्ते पुराने हो जाते हैं, नए रिश्तों की शुरुआत होती है। पति-पत्नी को चाहिए कि अपने सुखी और समृद्ध जीवन यापन के लिए अपने इस नए रिश्ते को ही अधिक महत्व दें।

अब प्रश्न यह उठता है कि शादी के बाद जब पत्नि पति के मित्रों, सह-कुटुबिंयो को सरलता से, सहज भाव के साथ अपना लेती है, उनका पूरा मान-सम्मान करती है, तो पति को भी चाहिए कि वह पत्नी की सहेलियों का भी उतना ही मान-सम्मान करे और उन्हें मन से स्वीकारे, लेकिन यहां भी घाटा पत्नी को ही अनुभव होता है। हमारी सामाजिक व्यवस्था ही कुछ ऐसी है कि समाज में पुरुषों से स्त्रियों के मैत्री संबंधों को कभी मान्यता अथवा प्रतिष्ठा नहीं मिली है, न ही उन्हें इस योग्य समझा गया कि इनसे मैत्री संबंधों को बढ़ाया जाए। पुरूष का मन और मत स्त्री के प्रति मैत्री संबंधों को कोई महत्व भी नहीं देता। यदि वह कभी चाहता भी है कि उसके मैत्री संबंध किसी स्त्री से बन जाएं, तो पत्नी इसे फूटी आंख पसन्द नहीं करती। परस्पर मैत्री संबंधों का निर्वाह ही आपको निस्वार्थ भाव से एक-दूसरे को जोड़ता है। आपके दांपत्य संबंध भी

दृढ़ता प्राप्त करते हैं। इस विषय में पति-पत्नी जितने ईमानदार रहेंगे, संबंध उतने ही दृढ़ होंगे, निकटता उतनी ही अधिक रहेगी।

समाधान

- पति-पत्नी स्वयं एक-दूसरे के मित्र बनें, मित्रों जैसा व्यवहार करें। एक-दूसरे की भावनाओं को बहुत अंदर तक अनुभव करें।
- घर में आने वाले मित्रों, सहेलियों पर विश्वास करें। इन पुरुष अथवा स्त्री मित्रों को तभी घर के अंदर आने की स्वीकृति दें, जब आप देख लें कि इनकी नजर कैसी है ? इनके मन में क्या है ? ऐसा न हो कि आप भी तनावग्रस्त होकर यह कहने को विवश हो जाएं, 'कहती है मुझे भाभी और बनती है मेरी सौत।'
- हक के साथ जीना सीखें। यदि पति का पुरूष मन कुछ अधिक ही चंचल और आशिक मिजाज है, तो पति की लगाम खींचकर रखें। इस विषय में घर में आने वाली कोई लीला, रमा, शमा आदि कुछ अधिक ही मॉड बनने की सोचे, तो उन्हें तीसरा नेत्र दिखाने में भी संकोच न करें। उन्हें यह भी समझा दें कि उन्हें मूर्ख समझने की कोशिश न करें।
- यदि कभी पुरूष मित्रों अथवा सहेलियों को घर में बुलाना हो, तो सपत्नीक बुलाएं। ऐसे मित्रों के साथ संबंधों का निर्वाह भी उसी पवित्रता के साथ करें।
- सभी के साथ वे चाहे स्त्रियां हो, अथवा पुरुष, एक निश्चित मर्यादित दूरी बनाकर रखें। किसी को भी भावनाओं के साथ खेलने का अवसर न दें। किसी भी पुरूष अथवा महिला को अपने शयन कक्ष में प्रवेश न करने दें। न ही उससे एकांत में मिलें।
- मैत्री संबंधो को सहजता और सरलता के साथ पलने-बढ़ने दें। इससे आपको एक-दूसरे को समझने में सहायता मिलेगी।
- जवान स्त्री अथवा पुरूष मित्र के साथ रात में अकेले सफर न करें, न ही एक कमरे में सोएं, इससे भावनाओं को भड़कने में समय नहीं लगता।
- बचपन के दोस्तों को अधिक महत्व दें, क्योंकि इनमें स्वार्थभाव कम होता है, ये अधिक शुभचिंतक, हितैषी और मददगार होते हैं।

- अच्छा हो यदि आपके मित्र समान आयु, समान आर्थिक और सामाजिक स्तर के तथा समान वैचारिक स्तर के हों। ऐसे मित्र एक-दूसरे की भावनाओं को सरलता से समझ लेते हैं।
- पति-पत्नी में मैत्री भाव इसलिए हमेशा भरे रहते हैं क्योंकि दोनों एक-दूसरे के दिल का दर्द समझते हैं। अच्छा हो, यदि आप आपस में एक-दूसरे के दिल की धड़कनों को सुनें, उसका दर्द समझें।
- सामाजिक जीवन में अथवा कामकाजी जीवन में संपर्क में आने वाले पुरुष अथवा स्त्रियां सामाजिक प्राणी हैं, उन्हें हिंसक पशु न समझें। वास्तव में प्रत्येक स्त्री अथवा पुरुष की अपनी-अपनी प्रतिष्ठा होती है। उन्हें अपनी इस प्रतिष्ठा को कभी भी दांव पर नहीं लगाना चाहिए।

8 रूठें ही नहीं, मनाएं भी

'तुम रूठी रहो मैं मनाता रहूं, इन अदाओं पर और प्यार आता है'........ जैसा गीत भले ही आप कभी-कभी ही गुनगुनाते हों, लेकिन इतना अवश्य है कि दाम्पत्य जीवन में इस प्रकार के गीतों का अपना महत्व है और यह दाम्पत्य जीवन की एक खुली सच्चाई है। अतः ऐसे बहुत ही कम दम्पत्ति होंगे, जिन्हें रूठने-मनाने का अवसर न आता हो। आप भी अपने दाम्पत्य जीवन में सरसता लाने के लिए इस प्रकार की सोच से विमुख न हों। हां, यदि आपको रूठना अच्छा लगता है, तो मनाने में भी वही तत्परता बरतें। क्योंकि जिस तरह से बहुत दिनों तक एक ही स्थान पर ठहरा पानी सड़ांध देने लगता है, कुछ ऐसी ही स्थिति तब पैदा होने लगती है जब पति अथवा पत्नी बहुत दिनों तक रूठे रहते हों।

इस विषय में इस सत्य को स्वीकारें कि जहां प्यार होता है, वहां तकरार भी होती है। जहां तकरार होती है वहां एक-दसरे से रूठने-मनाने का सिलसिला भी चलना जरूरी है। वहीं मनुहार (मनाना) होता है। वास्तव में यही सब तो प्यार है। दाम्पत्य जीवन में यह प्यार भरी चुहलबाजी भी साथी है।

शोभा को जब रूठे हुए एक घंटा हो गया और उसे लगा जैसे सुकेश पर उसके रूठने का कोई प्रभाव ही नहीं पड़ रहा है, तो आखिर उससे भी रहा न गया। शोभा चोट खाई हुई नागिन की तरह सुकेश की आंखो के सामने फैले अखबार को फेंकती हुई तीसरा नेत्र दिखाते हुए चौथे स्वर में बोली, "एक घंटे से मैं रूठी हुई बैठी हूँ और साहब हैं कि इनके कानों पर जूं भी नहीं रेंगी। आखिर हमें कौन मनाएगा, क्या हमारा दिल नहीं चाहता कि कोई हमें मनाए..... मैं भी तो आपको मनाती हूँ....।" और फिर शोभा ने अपनी बाहें सुकेश के गले में डाल दीं।

पति-पत्नी में रूठने-मनाने का यह व्यवहार हमारे पारिवारिक जीवन की पहचान है। इस विषय में एक सत्य यह भी है कि जहां दो बर्तन होते हैं, उसके खनकने की आवाज तो आती है। अतः इस आवाज को भी मधुरता देने का दायित्व पति-पत्नी का ही है। इस विषय में केवल इतना ध्यान रखें कि रूठने-मनाने के इस व्यवहार में कहीं

भी कर्कशता अथवा झल्लाने जैसी बात न करें। डांट-फटकारकर अथवा अपमानित कर भी एक-दूसरे को न मनाएं।

"किस गंवार से पाला पड़ा है ? हमारी तो जिदंगी ही खराब कर दी इन जाहिलों ने.... कहां की बीमारी मेरे गले बांध दी है......मुसीबत है, चैन से सांस भी नहीं लेने देती......" जैसी प्रतिक्रिया अथवा विवशता चेहरे पर न लाएं और न ही अपनी सोच को इस प्रकार का बनाएं।

मनाने में देर न करें

जब आप यह चाहती हैं कि कोई आपको मनाए तो फिर वो भी यही चाहते हैं कि कोई उनके इस प्रकार के रूठने को महत्व दे। आखिर दोनों में से किसी को तो उनकी इच्छाओं का सम्मान कर एक-दूसरे को मनाना ही पड़ेगा।

एक मनोवैज्ञानिक का मत है कि पति-पत्नी की लड़ाई चौबीस घंटे में समाप्त हो जानी चाहिए। यदि पति-पत्नी की तकरार अथवा विवाद चौबीस घंटे से अधिक चलता है तो फिर उनमें विकार आने ही लगते हैं। ये विकार आपसी संधि-समझौते योग्य नहीं रह पाते।

इस बात को महत्व न दें कि आपकी गलती नहीं तो आप क्यों मनाएं। गलती चाहे जिसकी भी हो 'सारी' कहने में कोई हीनता आपके मन में नहीं आनी चाहिए। कभी-कभी तो गलती न होने पर भी 'सॉरी' कहकर आप उनके दिल में 'स्थान' पा सकती है।

तनाव न बढ़ाएं

घर में जब तक कोइ रूठा रहता है तब तक घर का वातावरण एक अजीब से तनाव से घिरा रहता है, इसलिए रूठे व्यक्ति को अवश्य ही मनाएं और परिवार का वातावरण तनावमुक्त बनाएं। तनाव रहित पारिवारिक वातावरण में ही खुशियां ठहर सकती हैं। रूठने वाले की इच्छा जानें और उसका सम्मान करें। इस सत्य को भी जान लें कि कोई केवल इसलिए रूठता है, क्योंकि आप उसकी इच्छाओं का सम्मान नहीं करते। आप रूठने वाले व्यक्ति के प्रति किसी प्रकार की दुराग्रही सोच, भावना मन में न लाएं। रूठने के कारण तनाव का यह समय जितना लंबा होगा, आपके मन में विचार उतने ही खराब आएंगे। आपकी मानसिक सोच भी विकृत होगी। अनबोले की स्थिति

निर्मित होगी। यहां तक कि इस बीच आप अपना क्रोध अथवा खीझ भी बच्चों पर निकालेंगे। अधिकारी अपनी इस खीझ को अधीनस्थ कर्मचारियों पर निकालेगा। और इस प्रकार से आपका पूरे दिन ही मूड खराब रहेगा। अतः घर से तनावमुक्त होकर ही निकलें। पत्नी पति को मनाकर निकले। इस विषय में बिना कुछ सोचे स्वयं पहल करें। आपकी पहल ही उन्हें आसानी से मना देगी।

कुछ देकर मनाएं

पति-पत्नी में लेना-देना तो पड़ता ही है। यदि रूठने-मनाने से व्यवहार में भी आपको कुछ देना-लेना पड़े तो इस लेन-देन में भी संकोच न करें अवसर के अनुकूल वह सब लें-दें जिसकी इच्छा आपके मन में है। उनकी पसंद की कोई साड़ी लाकर दें। किसी जेवर की इच्छा हो तो उसे पूरा करें। उसके पसंद की 'लिपस्टिक' अथवा अन्य ऐसी वस्तु जिसका उल्लेख वह आपके सामने कई बार कर चुकी है, लाकर दें। पत्नी को मनाने का सबसे सरल उपाय यही है कि आप उसे किसी अंतरंग किसी वस्तु का उपहार लाकर दें।

पति को मनाने के लिए उसकी मनपसंद 'डिश' बनाकर रखें। स्वयं सज-संवर कर रहें। तितली बनकर उनके आगे-पीछे फिरें। अच्छा खाना और आकर्षक चितवन पाकर भला कोई पति अपनी पत्नी से दूर रह सकता है ? भले ही फिर उसे आपको ही मनाना क्यों न पड़े। रूठने-मनाने के इस व्यवहार को कहीं भी अपनी प्रतिष्ठा का प्रश्न न बनाएं, क्योंकि पति-पत्नी की प्रतिष्ठता तो दोनों की आपसी समझ में होती है।

आकर्षक बनें

पत्नी से पति के रूठने का कारण यह भी होता है कि वह सज-संवर कर नहीं रहती। कभी व्यस्तता के बहाने, कभी काम के बहाने, कभी बच्चों के बहाने पति से दूर बनी रहती है। मध्यवर्गीय परिवारों और विशेषकर संयुक्त परिवारों में तो पत्नी को पति की जरा भी 'परवाह' नहीं होती। अपने सजने-संवरने में इस प्रकार की उदासीनता पति को बिल्कुल सहन नहीं होती और फिर वह भी उसी माहौल में रहने लगता है।

अपने आकर्षण का जादू पति पर अवश्य चलाएं और अपने इस आकर्षण को कहीं भी कम न होने दें। घर में जितनी देर तक पति रहें, उसके आकर्षण का केंद्र बनी

रहें। उसके मन पसंद रंग की साड़ी, सूट पहनें। केश सज्जा करें। सौंदर्य प्रसाधनों का उपयोग करें। जब भी समय मिले उसकी निकटता प्राप्त करें। दिन भर उसे अपने नयनों की डोर से बांधे रहें।

यहां तक कि रात में भी अपने बनाव-श्रृंगार के प्रति उदासीन न हों। पति के पसंद की 'नाइटी' पहन खुशबू फैलाकर उन्हें मीठी चितवन से देखें। आंखों में आंखे डालकर अपने दिल की बातें कहें, सुनें। उनके गिले-शिकवे दूर करें।

इस प्रकार का व्यवहार कर आप स्वयं अनुभव करेंगी कि रूठने से मनाना आसान है। यदि बात इतनी सरल न हो, आपकी सीमाओं से बाहर हो रही हो तो कुछ मनोवैज्ञानिक उपाय भी करके देखें।

क्रोध न करें और न ही किसी प्रकार की आत्महीनता मन मे लाएं

पति का रूठना यदि अपनी सीमाएं पार कर गया है और वे किसी दुष्चक्र या विषम परिस्थितियों में फंस गये हैं, तो अपनी ओर से उन्हें समय दें। इस बीच क्रोध कर अथवा रोकर अपनी आत्महीनता का प्रदर्शन न करें। अपनी इस बात को सहज-सरल तरीके से कहें। आदर्शों की दुहाई देकर उन्हें जली-कटी सुनाकर नहीं मना सकती। केवल आपका शांत चित्त ही उन्हें रास्तें पर ला सकता है, इसलिए शांत चित्त से दूसरे के मस्तिष्क में अपनी बात डालें।

रूठने मनाने के इस व्यवहार को दाम्पत्य जीवन की धूप-छांव से अधिक कुछ न लें। इस व्यवहार के बारे में मन में हीनता भी न पैदा होने दें। इसे बहुत अधिक देर तक अपने 'बेडरूम' में न रहने दें। इसके लिए आपको चाहिए कि-

- पति के चरित्र पर विश्वास करें।
- उसे अपने नयनों की डोर से बांधे।
- जल्दी रूठें तो जल्दी मान भी जाएं।
- एक-दूसरे को कुछ अंतरंग उपहार अवश्य दें।

- 'नाराजगी' को 'दोस्ती' में बदलने के बहाने स्वयं ढूंढे।

लेकिन ध्यान रखें

- बात-बात में रूठना ठीक नहीं।
- कर्कश बातें न कहें।
- क्रोध में आकर आत्महीनता का व्यवहार न करें। न ही अपने आपको अपमानित अनुभव करें।
- बिना खाए सोने के लिए न जाएं।
- किसी और की गलतियां एक-दूसरे पर न थोपे।

हर पत्नी एक औरत होती है, हर औरत पत्नी नहीं हो सकती।

9 बेतुकी चाहतें व इनसे बचाव

हमारे सामाजिक और पारिवारिक जीवन में प्रगतिशील सोच वाली ऐसी महिलाओं की कमी नहीं, जिनकी बेतुकी चाहतें उनके सिर चढ़कर बोलती हैं। ये चाहतें जहां उनके दाम्पत्य जीवन को विषैला बनाती हैं, वहीं उन्हें सामाजिक दृष्टि से भी कही का नहीं छोड़तीं। ऐसी महिलाओं को बदनामी और गुमनामी के सिवाय कुछ नहीं मिलता। विवाह पूर्व के संबंधों अथवा कुछ अवसरवादी पुरुषों के मोहजाल में फंसी ऐसी महिलाएं चाहत के नाम पर जहां शोषण का शिकार होती हैं, वहीं परिवार पर कलंक बनती हैं। चरित्रहीनता उनकी कमज़ोरी बन जाती है। ऐसी महिलाएं उम्र के एक दौर तक तो जैसे-तैसे अपना जीवन 'अच्छा' काट लेती हैं, लेकिन उम्र के आकर्षण के बाद इन्हें लोग दूध में पड़ी मक्खी के समान निकाल बाहर फेंकते हैं और तब इन महिलाओं को पता चलता है कि जीवन कैसे व्यतीत होता है। लेकिन तब तक सब कुछ नष्ट हो चुका होता है। रह जाता है केवल पश्चाताप का भाव और आत्महीनता। आशय यह है कि दाम्पत्य जीवन की सरसता को स्थायी रूप देने के लिए इन बेतुकी चाहतों का भ्रम न पालें और ऐसी चाहतें मन में न आने दें।

- विवाह पूर्व संबंधों को 'स्लेट पर लिखे रफ कार्य की तरह मिटा दें।' भूलकर भी इन्हें विवाह बाद जारी रखने की मूर्खता न पालें।
- कामकाजी जिदंगी में, स्कूल, कालेज की जिदंगी में अपना आचरण और व्यवहार कहीं भी अमर्यादित और असंतुलित न बनाएं। एकांत में पुरूषों से मिलना, सहकर्मियों से अंतरंगता भरी बातें करना, आंखों में आंखे डालना, एक-दूसरे की निकटता चाहना, स्पर्श करना, हाथ मिलाना, उपहार लेना-देना, देर रात तक साथ रहना निश्चय ही महिलाओं की स्थिति को कमजोर बनाता है और आप लोगों की सवालिया नजरों का शिकार होती हैं, इसलिए संपर्क में आने वाले पुरूषों से एक मर्यादित दूरी बनाकर रखें।
- अपने सामाजिक और कामकाजी जीवन में आर्थिक और सामाजिक स्थिति का मूल्यांकन करें। बड़ों की सहानुभूति पाने के लिए कहीं भी अपनी हीनता प्रदर्शित न करें।

- कुछ लोग धन, वैभव और प्रभाव के बल पर महिलाओं को अपनी ओर आकर्षित करते हैं। ऐसे लोग पैसे को पानी की तरह बहाते हैं और अंत में पैसे के बल पर स्त्रियों को 'पा लेते हैं।' ऐसे लोगों से संबंध बढ़ाने में आपकी प्रतिष्ठा सुरक्षित नहीं रह सकती।
- सिनेमाई जिदंगी को वास्तविक जिदंगी से जोड़ने की कोशिश बिल्कुल न करें।
- अपने से बड़ी उम्र की महिलाओं, पुरुषों से मैत्री संबंध बनाने की कोशिश बिल्कुल न करें।
- चाहत के नाम पर कुछ पुरुष मगरमच्छ के आंसू बहाते हैं, फिर खानदान की इज्जत के नाम पर लड़कियों को 'अकेला' छोड़ जाते हैं, इसलिए उम्र के आकर्षण को चाहत का नाम देने वालों से बचें।

पति और बच्चों की उपेक्षा न करे। इन चाहतों की चमक-दमक से दूर रहें। पत्नी के रूप में अपनी सोच को यर्थाथ परक आधार दें, ताकि आपको अपनी करनी पर पछतावा न हो। इसके लिए अच्छा तो यह है कि आप -

- अपनी आर्थिक और सामाजिक सीमाएं जानें, उसी के अनुरूप अपना जीवन-यापन करें।
- अपनी चाहतों पर लगाम लगाएं।
- जानबूझकर सच्चाई को नकारना मूर्खता है। ऐसी मूर्खता पर आप जग-हंसाई की पात्र बनती हैं।
- अपनी भौतिक इच्छाओं का शमन करें।
- प्रलोभनों से बचें।

यह भी ध्यान रखें -

- अपने आपको विशिष्ट न समझें।
- अनुचित लाभ लेने की सोच न पालें।
- उपहार के नाम पर प्रलोभन न स्वीकारें।
- ऑब्लीगेशन न स्वीकारें, न उनका भुगतान चाहें।
- भौतिक इच्छाओं की पूर्ति करने की इच्छाएं मन में न पालें। ये कभी तृप्त नहीं होतीं।

10 व्यस्तता समझें

केवल पैसा कमाना ही आपका उद्‌देश्य नहीं होना चाहिए। वास्तव में पैसा कमाने से भी अधिक महत्वपूर्ण है उस पैसे का उपयोग..... यदि आप रात-दिन मेहनत करके पैसा कमाते हैं और उसका सही उपयोग नहीं होता, तो ऐसे पैसे की क्या उपयोगिता है ?

पति को अनुचित कमाई के लिए प्रत्यक्ष अथवा अप्रत्यक्ष रूप से प्रेरित, प्रोत्साहित न करें। इस प्रकार की प्रेरणा उन्हें तनावग्रस्त बनाएगी और वे संस्थान आदि में कोई 'बड़ा हाथ मारने' या 'घोटाले' करने की सोच से ग्रसित हो सकते हैं, जो आपके परिवार के हित में कतई नहीं होगा।

पति की व्यस्तता पर उसे प्रताड़ित करना, अपमानित करना, 'बिजी विदाऊट वर्क' कहकर उनका मजाक उड़ाना ठीक नहीं। ''तुमसे तो कुछ होता ही नहीं....। तुम्हें तो दुनियादारी की ए०बी०सी० भी नहीं आती। पता नहीं तुम्हें कब अक्ल आएगी.. ? घर में बहू आने वाली है, कल को जमाई घर में आएगा...। तुम्हें तो कुछ होश ही नहीं. ..। पता नहीं दफ्तर में कैसी अफसरी करते हो.. ? जैसी बातें पति में हीनता लाती हैं। वह इस प्रकार की जली-कटी सुनने की अपेक्षा बाहर रहना ही अधिक पसंद करता है। ऐसे लोगों का घर के प्रति आकर्षण विशेष नही रहता और वे अपना अधिकांश समय बाहर ही बिताना उचित समझते हैं। ऐसे पति के व्यस्तता के नाम पर दफ्तर में रम्मी खेलकर अपना समय बिताते हैं या फिर दोस्तों के साथ गप्पें मारकर अपनी व्यस्तता प्रदर्शित करते हैं। आशय यह है कि पति की व्यस्तताओं को समझें, उनमें अपना सहयाग दें। उन्हें कम करने की सोच पालें।

पति को उनकी पारिवारिक जिम्मेदारियों को अहसास कराते समय उनकी योग्यात, परख, अनुभवों में विश्वास व्यक्त करें, उन्हें यह अहसास न होने दें कि उनके निर्णय, मत या चयन का कोई मूल्य नहीं। पति की इस व्यस्त्ता को स्नेहिल व्यवहार से जीतें। उनकी व्यस्तता के प्रति विद्रोह करना, प्रतिशोधी भावनाएं मन में लाना अथवा उन्हें कोसना, अपनी हीनताओं का रोना रोना अथवा पति से अपेक्षाओं का रोना रोना ठीक नहीं।

"मैं भी तो नौकरी करती हूँ, घर भी संभालती हूँ, बच्चों को भी देखती हूँ। तुम क्या करते हो.... बस अखबार चाटने के सिवाय कोइ और काम भी है तुम्हें... !" जैसी बातें पारिवारिक स्नेह स्रोतों को सोखती हैं। पति-पत्नी में मन-मुटाव बढ़ाती है। परस्पर में विश्वास, समझ, समर्पण, सम्मान ऐसे रंग हैं, जो पति की व्यस्तता को अपने रंग दे सकते हैं। पति की व्यस्तता को आकर्षक बना सकते हैं, इसलिए पति की व्यसत्ता के संग अपने रंग दें। उन्हें विश्वास में लेकर उनका विश्वास प्राप्त करें। विश्वास की प्रेरणा पाकर जहां आप पति का स्नेह, सहयोग और आत्मीयता पा सकेंगी, वहीं पति की व्यस्तता कम होगी। आखिर पति की व्यस्तता भी तो आपके लिए ही है। बच्चों के वर्तमान और भविष्य के लिए है, इसे कोस कर आप किस मानसिकता का परिचय दे रही हैं ? इसलिए इस व्यस्तता को आक्रोश से नहीं विश्वास से कम करें और व्यर्थ के तनाव न बढ़ाएं। इस विषय में निम्नांकित मनोवैज्ञानिक सोच विकसित करें -

- रविवार या किसी दूसरी छुट्टी को पूरे परिवार के साथ मिल-बैठकर मनाएं।
- रात का खाना पूरे परिवार के साथ डाइनिंग टेबल पर बैठकर खाएं।
- बच्चों की समस्याएं मिल-बैठकर निपटाएं।
- घर की सफाई में बराबरी का सहयोग करें।
- मित्र-मंडली को घर बुलाने में एक-दूसरे की सहमति अवश्य लें।
- पारिवारिक समस्याओं के समाधान के लिए प्राथमिकताएं निर्धारित अवश्य करें।
- अपने काम स्वयं करने की आदत डालें और एक-दूसरे का सहयोग करें।
- पति की सार्थक व्यस्तता को दोष नहीं गुण मानें और उसे नकारने की बजाय सहानुभूतिपूर्वक पूर्ण व्यवहार करें।

11 पारिवारिक विवादों में न पड़ें

दाम्पत्य जीवन में प्रायः पारिवारिक विवादों के कैक्टस स्वतः ही उग आते हैं। कभी मां बेटे के कान भरती है, तो कभी बेटी मां के कान भरती है। कभी श्वसुर की दामाद से ठनती है, तो कभी सास की बहू से। मुहल्ले-पड़ौस की औरतें बहू को 'सिर पर न चढ़ाने' के लिए चेतावनी देती हैं, तो कभी स्वयं लड़की की मां ही बेटी को, 'तुझे क्या करना, अपने आप करेंगे... तूने सबका ठेका थोड़े ही ले रखा है..." जैसी शुष्क व्यवहारों की बातें कहकर लड़की को उसके पारिवारिक दायित्वों से मुख मोड़ने के लिए 'भरती' है। कभी ननद-भाभी की चुगली कर रोती हुई आंखो से भैया के सामने अपनी उपेक्षाओं का रोना रोती है, तो कभी ससुर के सामने देवर भाभी के सौतेले व्यवहार को नमक मिर्च लगाकर सुनाता है। आशय यह है कि पारिवारिक रिश्तों की गर्माहट को पारिवारिक विवाद किसी प्रकार से सोख लेते हैं, यह किसी से छिपा नहीं है। वास्तव में इन विवादों के कारण ही पति-पत्नी के संबंधों में दूरिया बढ़ने लगती हैं और फिर दोनों ओर से शुरू हो जाता है अपेक्षाओं का रोना, शिकायतों की बौछार और तानों की वर्षा।

दाम्पत्य संबंधों में स्थायी मधुरता लाने के लिए आप इस विषय में सकारात्मक सोच अपनाएं। यद्यपि पारिवारिक जीवन में यह सबसे कठिन व्यवहार है और इसी सोच के कारण भारतीय सामाजिक जीवन में विधटन होता है, लेकिन फिर भी आप इस विषय में कुछ मौलिक सोच अपनाकर अपने दाम्पत्य संबंधों में मधुरता ला सकते हैं।

सास-बहू के संबंध हमारे सामाजिक जीवन का सबसे बड़ा और संवेदनशील विवाद है। इस पूरे विवाद का कारण परस्पर में समन्वय और समझ का न होना है। यदि बहू थोड़े से विवेक और समझ से काम ले, तो वह सास की खास बन सकती है। सास भी यदि उसी स्नेह और आत्मीयता से बहू को अपनाती है, तो वह भी बहू का मन जीत सकती है। आज की पढ़ी-लिखी बहुएं यदि सास के पारिवारिक अहम्, वर्चस्व एवं अधिकारों को मान-प्रतिष्ठा देकर उसे प्रतिष्ठावान स्थान दें, तो कोई कारण नहीं कि सास बहू को सिर आंखों पर न बिठाएं, किन्तु ऐसा होता नहीं है। अधिकांश परिवारों में शीत युद्ध के लक्षण प्रायः साफतौर पर दिखाई दे जाते हैं।

सुबह-सुबह ही जब मुंह फुलाकर, सिर दर्द का बहाना बनाकर रसोई घर से दूर-दूर रहे, बच्चों को अकारण ही मारे-पीटे, उन पर चिल्लाए, बरतन पटके, चिड़चिड़ाकर बात करे, सीधी बात को भी उल्टी समझे, कोप भवन में जाकर पड़ जाए, देर तक बिना नहाए-धोए बाल-बिखेर बैठी रहे, तो समझ लीजिए कि परिवार में शीतयुद्ध का वातावरण निर्मित हो रहा है।

सभी प्रकार के विवादों में यद्यपि किसी बड़े न्यायाधीश की आवश्यकता नहीं होती और थोड़े बहुत लड़ाई झगड़े बरसने के साथ भ्रांतियां दूर होने पर भी अथवा अहम् की संतुष्टि हो जाने के बाद स्थिति सामान्य हो जाती है। फिर भी इस विषय में आपकी पारिवारिक स्थिति सामान्य हो जाती है। फिर भी इस विषय में आपकी पारिवारिक स्थिति चाहे जो भी हो, इतना ध्यान अवश्य रखें कि इन पारिवारिक विवादों को लम्बा न खिंचने दें। न ही परिवार का कोई सदस्य इन विवादों को प्रतिष्ठा का प्रश्न बनाए क्योंकि पारिवारिक प्रतिष्ठा तो सबकी एक ही होती है। बहू-बेटे के बीच विवादों को आपसी स्तर पर सुलझाने का अवसर दें। उन्हें साथ-साथ बाहर जाने का अवसर दें। पिक्चर अथवा होटल में जाने दें अथवा सांय के समय एकांत में बैठने का अवसर दें। इन क्षणों का उपयोग वे अपने विवादों को सुलझाने में करेंगे। पड़ोस में अथवा निकट संबंधी के घर शादी अथवा उत्सव का अवसर हो, तो बहू-बेटे को वहां भी भेजें। यदि बहू प्रतिभावान है, तो उसकी प्रशंसा करें। उसकी व्यवहारिक सोच की प्रशंसा करें।

बहू, बेटे, पुत्र, पुत्री के संबंध में अनावश्यक आशंकाएं न पालें और न ही इन आशंकाओं को कल्पनाओं के रंगीन रंग दें। परिवार में बहू की स्थिति बड़ी नाजुक होती है। उसे कई पात्र निभाने पड़ते हैं। अतः सास, ससुर, पति को चाहिए कि वे उसका सम्मान करें। यदि बहू का मायका कुछ बड़ा है, अथवा बहू कामकाजी महिला है, समाज सेविका है और उसका परिचित क्षेत्र बड़ा है, तो उसकी सहायता करें। मीटिंग आदि में उसके जाने पर प्रतिबंध न लगाएं और न ही उसके बारे में इससे अधिक कुछ सोचें।

बहू-बेटे के विवादों का केन्द्र बिन्दु पारिवारिक विवाद होते हैं। ऐसे विवादों के उग्र हो जाने पर परिवार के लोग अक्सर बहू को 'मायके' छोड़ आते हैं जहां वह अकेली रहकर अपने इन विवादों की 'सजा' काटती है। इस प्रकार से बहू को दी गई सजा परिवार और पति के प्रति विद्रोही, असंतुष्ट और आक्रामक बनाती है और ससुराल पक्ष के सदस्यों के प्रति उसके मन में अच्छी भावनाएं पैदा नहीं होतीं। इसलिए इन

पारिवारिक विवादों की सजा अकेली बहू को न दें। इस प्रकार के व्यवहार से बहू के मन में विवादों की बनी हुई ग्रंथियां मजबूत तो होती ही हैं साथ ही उसे 'अपराध भाव' से भी ग्रसित करती रहती हैं। उसे जहां मां-बाप की उपेक्षा मिलती है, वहीं उसे सामाजिक स्तर पर भी उपेक्षा ही मिलती है। लोगों की सवालिया नजरें उसे ही 'गलत' समझती हैं कभी-कभी तो उसे अपनों के ही ताने, व्यंग्य सुनने पड़ते हैं। जबकि वास्तव में उसका कोई कहीं दोष नहीं होता।

अतः इन पारिवारिक विवादों से दूर रहने के लिए आप निष्पक्ष रहें। परिवार में अपने संबंध सभी से मधुर बनाएं। घर में परिवार के सभी सदस्य बहू का मान-सम्मान करें।

पारिवारिक विवादों में आपकी सार्थक और चिंतनशील भूमिका से न केवल परिवार के सदस्यों को संरक्षण मिलेगा, बल्कि उन्हें सुरक्षा भी मिलेगी। आपका स्नेह पाकर परिवार का कोई भी सदस्य इन पारिवारिक विवादों को तूल न देगा और संबंधों की ये दूरियां स्वतः ही नजदीकियों में बदलने लगेंगी।

12 बच्चों से पिता को आदर दिलवाएं

वह स्त्री खुशक़िस्मत समझी जाती है, जिसे वैवाहिक जीवन में पति का संपूर्ण प्यार मिलता है और उसका पति उसे पत्नी से अधिक अपनी प्रेयसी के समान प्यार करता है। पत्नी अपने पति का पूरा प्यार तभी पा सकती है, जब वह उसका सम्मान करे। यदि पत्नी स्वयं अपने पति का सम्मान करती है, तो अपने बच्चों को भी पिता का सम्मान करना सिखाती है। हर व्यक्ति को जिस प्रकार पति होने पर गर्व होता है, उसी प्रकार पिता होने पर वह और भी गर्वित महसूस करता है।

कोई भी बालक जैसी परंपराएं और रीति-रिवाज अपने परिवार में देखता है, उसी प्रकार के चलन में यकीन करता है। यदि परिवार में छोटे-बड़ो की इज्जत करते हैं, तो बच्चे स्वयं ही बड़ो का उचित सम्मान करना सीख जाते हैं। किसी भी परिवार में ऐसी अच्छी परंपरा का निर्वहन स्त्री ही करवा सकती है।

यदि पति-पत्नी में आपसी कलह रहती है और आपस में वे एक-दूसरे के प्रति अपशब्दों का प्रयोग करते हैं, जिससे उनमें परस्पर सम्मान की भावना नहीं रहती। ऐसे परिवार में बच्चे बड़ों का सम्मान करना नहीं सीख पाते। ऐसी स्थिति में बच्चे मां या पिता जिस किसी के पक्षधर होते हैं, उसे छोड़कर दूसरे के प्रति सम्मान प्रदर्शित नहीं करते।

पारूल का अपने पति प्रवेश से सदैव झगड़ा रहता था। विवाह के दस वर्ष हो चुके थे और बात तलाक तक पहुंच चुकी थी। अशोक के घर में आते ही पारूल और प्रवेश में तू-तू मैं-मैं शुरू हो जाती थी। दोनों एक-दूसरे को नीचा दिखाने के लिए अपमानजनक भाषा का प्रयोग करते थे। पारूल का बेटा नवीन ६ वर्ष का हो चुका था। प्रवेश जब कभी नवीन को अपने साथ कहीं चलने को कहता था, तो वह झट से कहता, "पापा, आप गंदे हो, मम्मी से झगड़ा करते हो।" अशोक इन सारी बातों को हंसी में टाल देता था, लेकिन आज नौबत यहां तक आ पहुंची थी कि नवीन अपने पापा को बेहूदा बातें कहने से नहीं चूकता था। चूंकि नवीन पूरे दिन मां के साथ रहता था, अतः पारूल उसे सदैव पिता के खिलाफ़ भड़काती रहती थी। पिता की गलतियां व कमियां उसे

बढ़ा-चढ़ाकर बताती थी। एक दिन ऐसा आया कि पारूल व प्रवेश में तलाक हो गया। प्रवेश नवीन को अपने साथ जबरदस्ती रखना चाहता था, परंतु कोर्ट में नवीन का बयान हुआ और नवीन को मां के साथ रहने की अनुमति दे दी गई।

किसी भी बच्चे का अपने पिता के प्रति व्यवहार वैसा ही बनता है, जैसा उसे सिखाया जाता है। यदि वह छोटी उम्र में ही कोई गलत बात कहता है या गलत व्यवहार करता है, जैसे मारने के लिए हाथ उठाना, गाली देना, तब मां ही उसे समझाती है कि यह व्यवहार गलत है। अपने पिता से किस तरह बात करना चाहिए, किस तरह सम्मानपूर्वक व्यवहार करना चाहिए, यह एक तरह की ट्रेनिंग होती है, जो घर की पाठशाला में मां उसे देती है।

इस तरह परिवार के संबंध में बच्चों का पिता के प्रति व्यवहार अत्यंत महत्वपूर्ण हो जाता है। मां जितना अच्छा व्यवहार बच्चों से अपने पिता के प्रति करवाती है, उससे पिता के हृदय में बच्चों की मां के प्रति प्यार उमड़ता है और पति-पत्नी के संबंध अधिक मजबूत बनते हैं।

पति का सम्मान करने का तात्पर्य पति के पैर छूने या उसकी पूजा करने से नहीं। इसका अर्थ है, उसकी भावनाओं को समझना, उसकी इच्छा-पूर्ति करना, उसके निर्देशानुसार आपसी सहमति से निर्णय लेना व पारिवारिक कार्यकलापों का निर्धारण करना।

13 सतर्क रहें

आजकल अक्सर लड़कों के मित्र, घर की लड़कियां पर डोरे डालने लगते हैं और ऐसे संबंध को बढ़ाते हैं। लड़कियों, महिलाओं को सोचना चाहिए कि ऐसे संबंध जहां उनके वर्तमान और भविष्य को प्रभावित करते हैं, वहीं उन्हें संबंधों के कारण हीनता ही मिलती है।

किसी भी पुरुष मित्र से एकांत में बातें करना, उससे अंतरंगता भरी बातें करना, उससे उपहार स्वीकारना, साथ-साथ फिल्में देखना, होटलों में जाना, लिफ्ट देना अथवा लेना आदि ऐसे व्यवहार हैं, जो 'सामान्य' नहीं होते हैं। आप स्वयं ही इन व्यवहारों के संभावित खतरों के अनुमान लगा सकती हैं।

आजकल लोगों की मानसिक सोच इतनी संकीर्ण हो गई है कि इस प्रकार के व्यवहारों को करना अथवा स्वीकारना, दोनों एक ही अर्थ में लिए जाते हैं और लोग तुरंत अपने इन 'उपकारों' का 'भुगतान' चाहते हैं जबकि दाम्पत्य जीवन में इस प्रकार के व्यवहार पति-पत्नी के संबंधों को तोड़ने वाले व्यवहार हैं।

कभी-कभी स्त्रियों अथवा पुरूषों की कुछ गलतफहमियां भी इन संबंधों को बढ़ाती हैं। मिसेज शर्मा की हालत यह थी कि जैसे काटो तो खून नहीं। सुमित से उसे इस प्रकार के व्यवहार की आशा न थी। उसे तुरंत अपनी गलती का अहसास हुआ। वह सुमित को अपना देवर जैसी समझती थी। मन में स्नेह और ममता भरकर बोली, "देवर जी... अच्छा हो आप जरा हमसे दूर ही हटकर बात करें। मैं तो तुम्हें अपने बेटे जैसा स्नेह देती आई हूँ अच्छा हो तुम यहां से फौरन चले जाओ, अगर एक कदम भी आगे बढ़ाया तो खैर नहीं...।"

सुमित पर जैसे घड़ों पानी पड़ गया। इश्क का बुखार तो उतर गया, कई दिनों तक मिसेज शर्मा के सामने आने का साहस भी न जुटा सका। मिसेज शर्मा का साहस और विवेक उस दिन काम आया।

आशय यह है कि मामला चाहे पड़ोस का हो अथवा कामकाज के दौरान संपर्क में आने वाले पुरुष सहकर्मियों का, ऐसे पुरुषों से हमेशा सावधान रहें, जो सुखी घर-संसार में विष घोलना चाहते हैं। वास्तव में ऐसे पुरुषों के प्रति आपकी वैचारिक सावधानी और मर्यादित दूरी जहां आपको सुरक्षा और संरक्षण प्रदान करेगी, वहीं आप धोखेबाजी से भी बच सकेंगी।

ध्यान रखें कि घर में कभी भी किसी पुरुष के साथ एकांत में न बैठें। हमेशा खुले में, आंगन में, बागीचे में, लॉन में, कुर्सियां डाल कर बैठें। किसी प्रकार के अनुचित व्यवहार, बातचीत अथवा स्पर्श को सहन न करें और तुरंत विरोध करें। आपका हल्का सा विरोध ही पुरुषों को हतोत्साहित करने के लिए काफी है, क्योंकि पुरुष प्रोत्साहन पाकर 'शेर' बनता है। किसी भी परिस्थिति में तथा किसी अप्रिय प्रसंग में आकर कोई अनुचित समझौता न करें।

अपनी किसी कमजोरी के लिए ब्लैकमेल होने से तो अच्छा है कि आप परिवार वालों अथवा पति को विश्वास में लेकर परिस्थितियों से संघर्ष करें और सम्मानजनक जीवन-यापन करें। छिछली मानसिक सोच के स्थान पर उच्च और आदर्श चरित्र का परिचय दें, ताकि आपकी पारिवारिक प्रतिष्ठा बढ़े और आप अपनों से, पति के मित्रों से यहां तक कि घर आए मेहमानों से भी यथेष्ट मान-सम्मान प्राप्त कर सकें। अतः सदैव ध्यान रखें कि -

- घर आए मेहमानों से एक मर्यादित दूरी बनाकर रखें।
- घर आए अपने तथा पति के पुरूष मित्रों की पति के उपस्थिति में ही घर में बैठाएं।
- अपना आंचल तथा वस्त्र संभाल कर बैठें।
- घर आए पुरुष मेहमानों से परिवार के बड़े सदस्य ही बातचीत करें।
- बुजुर्गों के चरण स्पर्श कर आशीर्वाद प्राप्त करें।

ध्यान रखें -

- पुरुष मेहमानों से संबंध बनाने के लिए अति उत्साही न बनें।
- अपनी ओर से किसी प्रकार से भी अनौपचारिक होने की पहल न करें, न प्रोत्साहन दें।
- अवैध संबंधों के प्रस्ताव पर तेवर चढ़ाकर बात करें, ताकि ऐसे संबंधों की स्थापना के लिए कोई पहल ही न कर सके।
- केवल पुरुषों की उपस्थिति में ही पुरुष मेहमानों के साथ बैठें।
- यदि घर में अकेली हों, तो आने वाले ऐसे पुरुषों के लिए दरवाजा न खोलें, जिनके बारे में आप आश्वस्त न हों।

14 संबंधों में मधुरता के टिप्स

१. परिवार के किसी भी सदस्य को अपना प्रतिद्वंदी न मानें। इन्हें सहयोग व सम्मान देकर ही आप उनसे सम्मान की अपेक्षा कर सकती हैं। उदाहरण के लिए पति को ही लें। आपका पति पहले किसी का पुत्र, भाई, चाचा, मामा है। आप परिवार के सदस्यों को उनके इस अधिकार से वंचित करने की सोच मन में न लाएं। इस विषय में आपकी दुराग्रही सोच ही घर में तूफान खड़ा कर सकती है, जबकि थोड़ा-सा विवेक ही आपको सबको बना सकता है। इस विषय में एक ही आदर्श अपनाएं 'सास की अधीनता स्वीकारें। जब आप सास बनें, तो इसी अधीनता को बहू को स्वाधीनता के रूप में उपहार दें। आपके दाम्पत्य-जीवन में कभी भी तनाव अथवा टकराव की स्थिति पैदा नहीं होगी।

२. अपनी हमउम्र ननद, जेठानी, बहन, भाभी को अपनी अंतरंग सहेली बनाएं, उसे अपना शुभचिंतक समझें। ऐसे रिश्तेदारों को हमेशा शिष्टता, शालीनता और पवित्रता का आधार दें।

३. घर में आने वाले पुरुषों-महिलाओं को सदैव सम्मानजनक संबोधन दें। उन से बातें करते समय आंखें नीचे, आंचल संभालकर बात करें। समय व्यतीत करने के लिए दूसरे की निंदा करने और अपनी प्रशंसा करने के लिए अनावश्यक बहस न करें।

४. देवर, जीजा, ननदोई अथवा ऐसे ही अन्य मुंहबोले रिश्तेदारों की किसी भी प्रकार की अनुचित इच्छाएं, व्यवहारों को अपने स्तर पर कोई मान्यता अथवा प्रतिष्ठा न दें, न ही इन्हें सहन करें। इस प्रकार अनुचित संबंध पारिवारिक जीवन की गरिमा को कलुषित करते हैं।

५. अपनी आर्थिक आवश्यकताएं मांग कर पूरी न करें। आर्थिक अभावों का रोना रोकर आप न केवल अपनी हीनता प्रदर्शित करती हैं, बल्कि अपनी पारिवारिक प्रतिष्ठा भी दांव पर लगाती हैं। आर्थिक तंगी के कारण किसी

भी प्रकार के अनुचित समझौते किसी भी स्तर पर न करें। वह चाहे बच्चों के शादी बयाह के हों अथवा अन्य किसी पक्ष के। पत्नी को पर्याप्त जेब खर्च दें और इस जेब खर्च का कभी हिसाब न पूछें। वास्तव में यह एक प्रकार की 'आपात कालीन राशि' होती है, जो पत्नी की सुघड़ता को बढ़ाती है। दाम्पत्य-जीवन को संकट से बचाती-उबारती है।

६. विवाह पूर्व के संबंधो को विवाह बाद जारी रखने की मूर्खता न करें। ऐसे संबंधों की खिड़कियां पक्की कीलों से हमेशा के लिए बंद कर दें। यहां तक कि अगर कभी जाने-अनजाने इन संबंधों का कोई पृष्ठ खुल भी जाए, तो बिना पढ़े ही उलट जाएं, भूल जाएं।

७. कामकाजी जीवन में संपर्क में आने वाले प्रत्येक पुरुष से एक मर्यादित दूरी बनाकर रखें। यह दूरी जहां आपको सामाजिक सुरक्षा और संरक्षण प्रदान करेगी, वहीं आपकी मान-प्रतिष्ठा भी सुरक्षित रहेगी और आप कहीं भी विवाद, चर्चा अथवा निंदा की पात्र नहीं बनेंगी। संस्थान में सबकी विश्वास-पात्र बनेंगी।

८. पड़ोसी महिलाओं, पुरुषों से शिष्टता और शालीनता के संबंध बनाए रखें। उन्हें यथेष्ट मान-सम्मान देकर उनसे आर्शीवाद प्राप्त करें। उनके ये आशीर्वाद जहां आपको मानसिक रूप से संतुष्ट करेंगे, वहीं ये फलीभूत भी होंगे। इनसे आपकी सामाजिक-प्रतिष्ठा बढ़ेगी।

९. वर्ष में एक-दो बार परिवार के सभी सदस्यों का विश्वास प्राप्त कर घर में सामाजिक अथवा पारिवारिक आयोजन अवश्य करें। वह चाहे बच्चे का 'बर्थ डे' हो अथवा अन्य कोई अवसर। इस प्रकार के आयोजन में उन शुभ-चिंतक मित्रों, रिश्तेदारों को अवश्य बुलाएं, जिनसे आपके पारिवारिक संबंध हैं अथवा जो आपके पारिवारिक संबंधों को समृद्ध बनाते हैं। ऐसे अवसरों पर परिवार के उन सभी सदस्यों को भी याद करें, जो आपसे दूर हैं लेकिन आपके दिल में पास रहते हैं। यदि आपको ऐसे लोगों के आमंत्रण प्राप्त होते हैं, तो आप भी उन्हें पत्र लिखकर इस प्रकार के आमंत्रण के लिए धन्यवाद दें। आशय यह है कि अपने सामाजिक क्षेत्र का दायरा कम न होने दें।

१०. अपने कार्यों, व्यवहारों और मधुरवाणी से ससुराल और मायके में स्नेह सेतु बनें। किसी भी हालत में इन संबंधों को अपेक्षाओं के अंधेरे में न खोने दें।

११. पति-पत्नी हमेशा एक-दूसरे को मन की आंखों से पढ़ें।

१२. मां ने बेटा दिया है, पाला है, उसकी हर सुख-सुविधा का ध्यान रखकर आपके पति होने योग्य बनाया है, अतः बेटे पर मां का अधिकार और मां के प्रति बेटे का झुकाव बहुत स्वाभाविक है। आप भी अपने पति की मां को सास न मानकर मां की तरह ही सम्मान दें। बहू का दर्जा आपको स्वयं ही प्राप्त हो जाएगा।

१३. छोटी-छोटी बातों पर नाराज न हों और नाराज होकर मायके जाने की भूल तो बिल्कुल न करें। इस व्यवहार से आप पति और ससुराल वालों की नजर में गिर सकती हैं।

१४. परिवार के सदस्यों के प्रति पति के दायित्वों को समझें और उन्हें महत्व दें। यदि आप पति की सहधर्मिणी का दायित्व निभाएंगी, तो स्वयं ही उनके प्रेम का केन्द्र बन जाएंगी।

१५. दाम्पत्य जीवन को नीरस और उबाऊ न बनाएं। दिनचर्या में मनोरंजन को भी पर्याप्त स्थान दें। आस-पास ही सही, पति के साथ घूमने अवश्य जाएं। इससे प्रेम और अंतरंगता में वृद्धि होगी।

१६. अपने परिवार वालों की मदद के लिए पति पर अनावश्यक दबाव न डालें।

१७. आपका प्रेम दिन भर तनावपूर्ण भागदौड़ करके लौटे पति के लिए संजीवनी है, इसमें कोताही न करें।

१८. आप (पति) को चाहिए कि पत्नी को सदैव बराबर का सम्मान दें। उनकी सलाह को ध्यानपूर्वक सुनें और उचित सुझावों को अवश्य मानें।

१९. पत्नी दिन भर घर की चाहरीदवारी में रहती है। उसकी स्थिति को समझें तथा ऊब से बचाने के लिए मनोरंजन के उचित अवसर जुटाएं।

२०. छोटी-छोटी भेंट दाम्पत्य जीवन को प्रेम में सराबोर कर देती है। प्रेम के आदान-प्रदान में कंजूसी न करें।

२१. बच्चों के भविष्य को प्राथमिकता के आधार पर महत्व दें।

२२. पत्नी के संबंधियों के प्रति आपकी सहृदयता पत्नी के मन को जीत लेगी। अतः उनकी उपेक्षा न करें।

२३. पत्नी पर व्यर्थ शक-संदेह न करें। उसे स्वतः निर्णय लेने का अवसर दें। विश्वास करें कि पत्नी आपकी प्रतिष्ठा को आंच नहीं आने देगी।

२४. कार्य के तनावों को घर के दरवाजे के बाहर ही छोड़ दें। बाहर के तनाव घर में न ले जाएं।

२५. पत्नी की मानसिक स्थिति और शारीरिक स्वास्थ्य का पूरा-पूरा ध्यान रखें। उसकी कमजोरी दाम्पत्य के प्रति अरूचि का कारण हो सकती है। अतः पत्नी की शारीरिक कमजोरी को दूर करें।

२६. नशे और जुए की बुरी आदत या फिजूल खर्ची पारिवारिक तनाव का मुख्य कारण बन जाती है।

२७. पूरी पड़ताल के बाद ही मित्र बनाएं और मित्रों को भी पूरी पड़ताल के बाद ही घर में प्रवेश दें।

२८. पत्नी यदि कामकाजी महिला है, तो उसकी परेशानी को समझें और अपनी परेशानी की तरह ही उसे पूरी तरजीह दें।

२९. नोक-झोंक परिवार में स्वाभाविक है, किन्तु मन में इसकी जड़े न जमने दें।

३०. यदि आप चरित्रवान् पत्नी चाहते हैं तो आपको भी चरित्रवान पति बनना चाहिए।

३१. आपसी प्रेम, विश्वास, सहयोग और सम्मान सुखद दाम्पत्य जीवन के चार स्तंभ हैं।

15 सहनशीलता अपनाएं - सौहार्द बनाएं

'सहनशीलता' दो शब्दों की सन्धि (रहन+सहन) से बना हुआ शब्द है। इस प्रकार सहनशीलता को कायम रखने के लिए आदमी में दो बातों का होना अत्यंत ज़रूरी है: (१) सहनशक्ति तथा (२) शील स्वभाव।

यदि परिस्थिति को शील या संतोष-भरे स्वभाव से नहीं सहा जाए, तो वह सच्ची सहनशीलता नहीं कहला सकती। कुछ लोग 'परिस्थितियों से मजबूरी में किए हुए समझौते' को सहनशीलता मानते हैं, किन्तु ऐसी दशा में अपने आपको बोझ से दबा हुआ महसूस करता है। वह चाहकर भी सहज नहीं हो पाता।

शील स्वभाव का मतलब है-धैर्य, संतोष, त्याग तथा सहजता। ऐसे लोग स्वभाव से बहुत मधुर प्रकृति के होते हैं।

सहनशीलता सागर जैसी गंभीर मनोदशा की अपेक्षा रखती है। वास्तव में गंभीर, शांत तथा अंतर्मुखी रहने वाला व्यक्ति ही जीवन की हर चोट सहन कर पाता है। ऐसे लोगों को अपनी मान-प्रशंसा या दिखावा पसंद नहीं होता।

सच्चा सहनशील व्यक्ति त्यागी पुरूष होता है। वह दूसरों की सुख शान्ति के लिए अपना दिन का चैन तथा रातों की नींद भी गँवा देता हैं। अक्सर परोपकार के अच्छे कार्यों में व्यस्त रहता है।

आम आदमी के लिए जीवन में सहनशील बनना बहुत जरूरी है किन्तु, सच पूछा जाए तो सहनशीलता एक प्रकार की साधना या तपस्या है। जिस प्रकार आध्यात्मिक मार्ग का साधक माया के हर रूप विघ्न को सहन करता है उसी प्रकार सहनशील व्यकित को अपना अपमान, निंदा,अपनी बुराई इत्यादि सभी कुछ सहन करना पड़ता है।

जिस प्रकार आग में पड़कर सोना कुन्दन बन जाता है उसी प्रकार सहनशलता की·भट्ठी मनुष्य को जीवन का अत्यंत अनुभवी, सत्य-असत्य का पारखी बनाकर कुन्दन जैसा बना देती है।

सहनशीलता वह कसौटी है, जिस पर खरा उतरकर व्यक्ति साधारण नहीं रहता,

महान बन जाता है। उसका दृष्टिकोण बदल जाता है। उसके कर्म श्रेष्ठ और अलौकिक बन जाते हैं।

दुनिया में आज तक जितने भी महापुरूष हुए हैं, वे सहनशीलता के कारण ही महान बने हैं। समय और परिस्थितियाँ तो प्रत्येक व्यक्ति पर आती हैं किन्तु कुछ लोग उन्हें रोकर तथा कुछ हँसते-हँसते सहन करते हैं।

सहनशीलता धैर्यवान व्यक्तियों का लक्षण है। जिस व्यक्ति में यह गुण होता है, उसमें शील, संतोष, स्नेह, मधुरता, संयम, साहस, विवेक आदि सभी कुछ होता है। ईश्वर की ओर से सहनशीलता मानव को दिया गया एक उपहार है।

सहनशीलता से व्यक्ति के आत्मविश्वास में वृद्धि होती है तथा वह जीवन में निर्भय रहना सीखता है।

जिन व्यक्तियों में सहनशीलता नहीं है वे अपने मन को एकाग्र करके इस गुण को प्राप्त कर सकते हैं। ईश्वर की मधुर-स्मृति से भी इसे आसानी से प्राप्त किया जा सकता है।

आज के दौर में यदि मनुष्य सहनशील बनकर नहीं रहे तो उसका जीना दूभर हो जाए। सहनशीलता की हमें पग-पग पर आवश्यकता पड़ती है। इस गुण के अभाव में व्यक्ति कमजोर माना जाता है।

आइए, हम जीवन का प्रत्येक कद्‌म आत्मविश्वास के साथ आगे बढ़ाएं तथा हर पग सहनशील बनने का प्रयास करें।

सहनशीलता से लाभ

सहनशीलता से मनुष्य की जीवन में कई प्रकार के लाभ मिलते हैं। कुछ प्रमुख लाभ इस प्रकार है :-

१. सहनशीलता से हर मुश्किल आसान बनती है।
२. सहनशीलता से जीवन की गहराई और विशालता का पता चलता है।
३. सहनशील व्यक्ति जीवन के अनुभव को आसानी से प्राप्त कर समय से पूर्व ही अपनी वैचारिक परिपक्वता को पा लेता है।
४. सहनशील व्यक्ति को किसी का डर नहीं रहता।

५. वह अपने जीवन का प्रत्येक कदम आत्मविश्वास के साथ आगे बढ़ाता है।
६. सहनशीलता गंभीरता लाती है।
७. सहनशीलता व्यक्ति को आत्मसंयमी बनाती है।
८. सहनशील व्यक्ति हमेशा उदार होता है। वह किसी के साथ कटुता अथवा कठोरता का व्यवहार नहीं करता।
९. सहनशील व्यक्ति दुःख में सदा मुस्कराता रहता है।
१०. वह अपनी सहनशीलता के बल पर शत्रु को भी अपना मित्र बना लेता है।
११. सहनशीलता मनुष्य को सकारात्मक दृष्टिकोण प्रदान करती है। सहनशील मानव का प्रत्येक कदम आशा भरा होता है। जीवन में वह कभी निराश नहीं होता।
१२. सहनशीलता अनेक प्रकार की अच्छाइयों को जन्म देती है। इस गुण के कारण मनुष्य अच्छा सोचने लगता है।
१३. सहनशीलता एक प्रकार की वीरता है। साहसी और वीर पुरुष ही सहनशील होता है।
१४. समय की तीव्र धूप या प्रतिकूल परिस्थितियां सहनशील व्यक्ति का कुछ नहीं बिगाड़ सकतीं।
१५. सहनशील मानव हर हाल में संतुष्ट और प्रसन्न होता है।
१६. सच्चा सहनशील व्यक्ति प्रभु के प्रति आसक्त होता है, प्रभुप्रिय होता है तथा प्रभु के ऊपर आश्रित होता है।
१७. सहनशीलता मनुष्य को सोचने का सही विवेक प्रदान करती है। अधैर्य या क्रोध की अवस्था में मानव इसे, यानि विवेक को भूल जाता है।
१८. सहनशीलता अपने आवेश और क्रोध पर विजय पाने का सबसे आसान तरीका है। यह दूसरों का क्रोध भी ठंडा कर देती है।
१९. सहनशील व्यक्ति शुभभावना संपन्न होते हैं।
२०. सहनशीलता मनुष्य के अंदर दूसरों के प्रति सहानुभूति का भाव जगाती है।
२१. सहनशीलता हमारी जग-भर की चिन्ताएँ एवं परेशानियाँ दूर करती है।
२२. सहनशीलता मनुष्य को महान बनाती है।

२३. रोग की स्थिति में हर्षित रहने का सरल उपाय सहनशीलता है।

२४. सहनशीलता व्यक्ति की आत्मशक्ति एवं सामर्थ्य को प्रकट करती है।

२५. सहनशील व्यक्ति जीवन का हर कदम बड़ी समझदारी से बढ़ाता है। वह कोई भी कार्य करने से पहले दस बार सोचता है तथा कार्य के परिणाम के प्रति सावधान रहता है। यही कारण है कि सहनशील व्यक्ति को जीवन में बहुत कम असफलता मिलती है।

२६. एक बार हार जाने के बाद भी सहनशील व्यक्ति निराश नहीं होता। वह पराजय से शिक्षा लेकर जीवन का अगला कद़म बहुत हिम्मत के साथ आगे बढ़ाता है।

२७. सहनशील व्यक्ति आयु में छोटा होते हुए भी बड़ा है। दूसरे शब्दों में 'सहनशीलता मनुष्य के बड़प्पन को सिद्ध करती है।'

२८. सहनशील व्यक्ति क्षमावान होता है। वह दूसरों के द्वारा कही गई छोटी बातों का बुरा नहीं मानता।

२६. उसका जीवन आदर्श महान होता है।

३०. सहनशीलता जीवन का आशा भरा संदेश है।

16 आपके गुण - उनकी निकटता

आत्मविश्वास कभी न छोड़ें

जो व्यक्ति अपना आत्मविश्वास खो बैठता है, वह शीघ्र ही असहनशील हो जाता है। आत्मविश्वास का मतलब है स्वयं के ऊपर या अपने आप पर भरोसा करना। व्यक्ति का 'स्व' उसका आत्मस्वरूप है।

आत्मविश्वास के धनी व्यक्ति कभी भी किसी कार्य में हिम्मत नहीं हारते। वे अपने जीवन का प्रत्येक कदम अत्यंत उत्साह और हिम्मत के साथ आगे बढ़ाते हैं।

ईश्वर भी उन्हीं की मदद करता है, जिनका अपने आप पर भरोसा होता है। चींटी आत्मविश्वास का धनी जीव है। वह अपने आत्मविश्वास के बल पर अपने से कई गुना भार आसानी से उठा लेती है।

निस्संदेह चींटी आत्मविश्वास का धनी जीव है, किन्तु यह क्षमता मनुष्यों के अंदर अधिक मात्रा में होनी चाहिए, क्योंकि मनुष्य, सृष्टि का सबसे समझदार प्राणी होता है।

आत्मविश्वास की मात्रा सच्चे साधक अथवा तपस्वी पुरूषों में अधिक होती है। जो लोग जीवन में अपना कोई लक्ष्य साध लेते हैं, वे आत्मविश्वास के जरिए सफलता प्राप्त कर लेते हैं।

आत्मविश्वास सहनशीलता को मजबूती प्रदान करता है। सहनशीलता की ईंट आत्मविश्वास के सीमेंट के साथ बड़ी आसानी से चिपककर मनुष्य के सुंदर भविष्य रूपी इमारत का निर्माण करती है।

जिन लोगों का आत्मविश्वास टूट जाता है, वे हमेशा असमंजस या परेशानी की स्थिति में सदैव यही सोचते रहते हैं कि मैं क्या करूँ, कैसे करूँ ? जबकि आत्मविश्वास वाला इस प्रकार के प्रश्नों से अलग सदैव निश्चित स्थिति में रहता है। वह जीवन के प्रतिपग में सहनशीलता का संयम बरतता है।

परिस्थितियाँ कभी-कभी विकराल रूप धारण करके मनुष्य के जीवन की परीक्षा लेने आती हैं। किन्तु ऐसे नाजुक समय में आदमी को बहुत साहस और धैर्य रखना चाहिए तभी उसका आत्मविश्वास कायम रह सकता है।

आत्मविश्वास के बल पर मनुष्य कुछ भी कर सकता है। वह यदि चाहे, तो पर्वत काटकर सुगम पथ बना दे, दरियाओं का रुख मोड़ दे। आत्मविश्वास वाले व्यक्ति की जीवन में कभी हार नहीं हो सकती, यह बात बिल्कुल सत्य है।

शत्रुता के भाव से मुक्त रहें

शत्रुता की पहचान मनुष्य के चेहरे की रेखाओं से स्पष्ट मालूम नहीं पड़ती। कामवासना की तरह यह बुराई भी मनुष्य को अंदर ही अंदर खोखला बनाने वाली है।

शत्रुता बैर भावना के फलस्वरूप उत्पन्न होती है। मिसेज़ वर्मा की अपनी पड़ोसिन कामिनी से शत्रुता है, क्योंकि उसके घर नया रंगीन टी० वी०, वॉशिंग मशीन, फ्रीज तथा मारुति कार है। मिसेज़ वर्मा के पति की आमदनी इतनी नहीं है कि वे कार खरीद सकें। यह एक प्रकार की शत्रुता है, जो प्रायः पड़ोसियों और मित्र संबंधियों के मध्य देखी जाती है।

शाहिद भाई[1] हमारे शहर का 'दादा' माना जाता था। वह व्यापारियों से शत्रुता रखता था। दुकानदारों से वह मनमाना हफ्ता वसूल करता। आज वह बूढ़ा हो गया है। उसे कोई पानी के लिए भी नहीं पूछता। उसके सारे चेले गुंडे उसे छोड़कर चले गए। आज वह अपनी करनी पर पछता रहा है।

शत्रुता कभी व्यक्ति को चैन से नहीं बैठने देती। यह मनुष्य की शारीरिक, मानसिक शक्तियों को क्षीण कर उसे असहनशील बना देती हे। इस प्रकार की दुर्भावना वाले आदमी को कभी किसी बात से संतोष नहीं मिलता। शत्रुता वश वह दूसरों का हमेशा अहित करने की बात सोचता रहता है।

यह भावना मनुष्य के पतन की निशानी है, इसलिए जितना जल्दी हो सके, इसे छोड़ देना चाहिए। यदि आप सबके प्रति शुभभावना रखें, तो ऐसी दुर्भावनाओं से सदा के लिए मुक्त बन सकते हैं।

जो लोग वास्तविक रूप से सहनशील होते हैं, वे सबके प्रति सहानुभूति एवं स्नेह का भाव रखते हैं। इसलिए दूसरों के प्रति ईर्ष्या-द्वेष अथवा कटुता उनके अंदर पैदा नहीं होती। ऐसे लोग अपनी सहनशीलता के कारण आनंदपूर्वक जिन्दगी बिताते हैं। यदि हम शत्रुता से मुक्त करना चाहते हैं तो हमें अंदर सबके प्रति संतोष और प्रेम का भाव पैदा करना होगा तभी आप एक अच्छी औरत व अच्छी पत्नी बन सकती है।

धन से क्या खरीद सकते हैं ?

- धन से शैया खरीदी जा सकती है, नींद नहीं।
- धन से पुस्तकें खरीदी जा सकती हैं, ज्ञान नहीं।
- धन से भोजन खरीदा जा सकता है, पाचनशक्ति नहीं।
- धन से दवाएं खरीदी जा सकती हैं, स्वास्थ्य नहीं।
- धन से मकान खरीदा जा सकता है, घर नहीं।
- धन से विलासिता खरीदी जा सकता है, सभ्यता नहीं।
- धन से आमोद-प्रमोद खरीदा जा सकता है, खुशी नहीं।
- धन से प्रसाधन सामग्री खरीदी जा सकती है, सुंदरता नहीं।
- धन से देवालय खरीदा जा सकता है, निर्मलता नहीं।
- धन से आज्ञाकारी सेवक खरीदा जा सकता है, सम्मान नहीं।
- धन से नौकर खरीदा जा सकता है, मित्र नहीं।
- धन से विषय सुख खरीदा जा सकता है, प्यार नहीं।
- धन से आदमी खरीदे जा सकते हैं, विश्वास नहीं।
- धन से सामाजिक स्थिति खरीदी जा सकती है, कुलीनता नहीं।
- धन से मान्यता खरीदी जा सकती है, प्रतिष्ठा नहीं।
- धन से पदवी खरीदी जा सकती है, महानता नहीं।
- धन से सेवा खरीदी जा सकती है, स्वामिभक्ति नहीं।
- धन से शक्ति खरीदी जा सकती है, प्रभाव नहीं।
- धन से इंसान खरीदे जा सकते हैं, इंसानियत नहीं।

17 सद्गुणों को धरण करें

वैसे तो सहनशीलता भी एक सद्गुण है परंतु सहनशीलता के साथ-साथ और भी कई अच्छे गुण हैं जो मनुष्य को धारण करने चाहिए। ईमानदारी, सत्यता, कर्तव्यनिष्ठा, प्रभुप्रेम, विवेकशीलता, उदारता, सरलता तथा मधुरता आदि ऐसे ही गुण हैं, जिन्हें धारण करने से मनुष्य की सहनशीलता कम नहीं होती, बल्कि वृद्धि को पाती रहती है। सद्गुणों से मनुष्य के चरित्र और व्यक्तितव का विकास होता है। सद्गुणों की दिव्य सुगंध को आप किसी शीशी में भरकर नहीं रख सकते। वह तो स्वतः ही चारों और फैलती रहेगी। जिस प्रकार कोई अवगुण किसी के छिपाए नहीं छिपता, वह सबको दीख जाता है उसी प्रकार सद्गुण भी सबके आगे प्रत्यक्ष होते हैं। अच्छी चीज़ तो सब किसी को भली लगती है। यदि आपके अंदर सद्गुण होंगे, तो आप सबको अच्छे लगेंगे तथा सद्गुणों की विशेषता के कारण आप शीघ्र ही समाज में लोकप्रिय बन जाएँगे।

सहनशील बनने में सद्गुण हमारी बहुत मदद करते हैं। यदि आप विवेकशील, मिलनसार, मधुर स्वभाव वाले, विनम्र तथा सत्यप्रिय हैं, तो आप जल्दी सहनशील बन सकते हैं। अवगुणों से युक्त व्यक्ति कभी सच्चा सहनशील नहीं होगा। वह तो अवगुण और कुसंग के कारण अपना जीवन खराब करने के साथ-साथ दूसरों का भी अहित करता है।

सद्गुण कैसे और कहॉ से धारण किए जाएँ, यह प्रश्न भी विचारणीय है। अच्छे गुण कई प्रकार से धारण किए जा सकते हैं। इसके लिए आपको अच्दे लोगों को न देख अच्छाइयों एवं गुणों को देखने का प्रयत्न करें तथा दूसरों के जीवन की विशेषताओं को स्वयं में धारण करने का प्रयत्न न करें। अच्छी पुस्तकें इस विषय में आपकी काफी मदद कर सकती हैं। सद्गुण धारण करने के लिए आपको स्वाध्याय में रूचि रख प्रेरणादायक सद्साहित्य का अध्ययन, मनन, चिंतन करना चाहिए तथा किताब में लिखी बातों को अपने जीवन में उतारने का प्रयत्न करना चाहिए, इससे आप शीघ्र गुणसंपन्न एवं सहनशील बन सकते हैं। सद्गुण रूपी जल की सिंचाई करने से सहनशीलता का पौधा दिनोंदिन वृद्धि पाता रहता है।

सदा ठंडे दिमाग एवं शान्ति से काम लें

जब हम शान्तिपूर्वक ठंडे दिमाग से परिस्थिति पर विचार करते हैं तो हमें अपनी समस्या या कठिनाई से मुक्ति पाने की कोई न कोई राह अवश्य निकल ही आती है। ठंडे दिमाग से सोचने वाला हर व्यक्ति किसी प्रकार के झंझट या परेशानी में नहीं पड़ता। अपनी सहनशीलता के कारण वह सब प्रकार की दिमागी उलझनों को सुलझा लेता है।

शान्ति की राह दुनिया की सब राहों में सबसे श्रेष्ठ है। जो व्यक्ति शान्ति के मार्ग पर कदम बढ़ाता है वह पूर्ण मुक्ति एवं जीवन मुक्ति को प्राप्त करता है। उसका शांत स्वभाव उसे ईश्वर के निकट ले जाता है तथा समाज के सब लोग उसे चाहने लगते हैं।

शान्ति जीवन का मूल मंत्र है। जब कभी आप असहनशील एवं मानसिक रूप से अशांत होने लगें तो शान्ति से सम्बन्धित निम्नलिखित महत्वपूर्ण बातों पर विचार अवश्य कीजिए :

१. अशान्ति मेरे व्यक्तित्व का लक्षण नहीं है।

२. शान्ति ही मेरी असली पहचान है।

३. शान्ति मेरी आत्मा का स्वधर्म है।

४. मैं स्वयं आत्मरूप में शान्ति स्वरूप हूँ।

५. शान्तिधाम (परम धाम) मनुष्यात्माओं का मूल धाम है। मैं भी उसी शान्ति के लोक से पृथ्वी पर आया हूँ फिर मैं अशांत क्यों हूँ ?

६. ईश्वर शान्ति का सागर है। वह मेरा पिता है। शान्तिसागर परमात्मा की संतान होकर मैं खुद अशांत क्यों हूँ ?

७. यदि मैं खुद, अशांत, परेशान या असहनशील हो जाऊँगा तो दूसरे लोगों को शान्ति कैसे दे सकूँगा। वे भी मुझे देखकर परेशान व अधीर हो जाएँगे। इसलिए अपनी और दूसरों की भलाई के लिए मुझे अशांत नहीं होना चाहिए।

८. ईश्वर ने मुझे शान्ति से रहने के लिए जीवन दिया है न कि अशांत या परेशान होने के लिए।

९. मुझे कभी खुद अशांत या दुःखी नहीं होना, बल्कि सुख शान्ति की लहर सारे वातावरण में फैलानी है।

१०. अपने मन की शान्ति से मुझे सारे विश्व को शान्तिमय बनाना है।

सदैव अपने को आशावादी बनाएँ

जिस समय व्यक्ति जीवन से ज़्यादा हतोत्साह या निराश हो जाता है, उस समय वह अधिक देर तक सहनशीलता की स्थिति में टिक नहीं पाता और शीघ्र ही असहनशील हो जाता है।

निराशा से बचने के लिए मनुष्य को हमेशा आशावादी बनकर रहना चाहिए। पराजय या दुःख-हानि प्राप्त होने पर भी, निराश होने की बजाय हम यही सोचें कि ये दुःखदाई परिस्थितियाँ हमारे जीवन की कसौटी या परीक्षाएँ हैं, जिनमें हमें पास होना है या खरा उतरना है।

विद्यार्थी पेपर की परीक्षा समझकर तैयारी करता है और अपनी मेहनत तथा लगन के फलस्वरूप पढ़ाई में अच्छे नंबर लाकर पास हो जाता है। जीवन की प्रतिकूल परिस्थितियाँ या समस्याएँ भी मनुष्य के जीवन की परीक्षाएँ हैं। उन्हें मजाक बनाने की बजाय हमें गंभीर रूप से सारी परिस्थितियों पर विचार करना चाहिए।

पराजय, दुःख, असफलता या हानि की स्थिति में हमें हतोत्साहित होने की बजाय हिम्मत से काम लेना चाहिए। यदि हमारा कुछ खो गया या लुट चुका हो, तो हमें सोचना चाहिए कि हम इस संसार में क्या लेकर आये थे ? जब हम कोई चीज या कोई व्यक्ति अपने साथ ईश्वर के घर से लाए नहीं तो किस बात का दुःख हो रहा है ?

अपमान का अनुभव केवल उसे ही होता है जिसे अपना अभिमान होता है। जो सज्जन मान-शान के द्वंद्ध से परे है, उसे अपमान का कैसा दुःख ? सही पराजय या असफलता की बात। यदि वह हमें मिलती है तो हमें उस पराजय या सफलता से शिक्षा लेकर आगे बढ़ना चाहिए। बच्चा कई-कई बार गिरकर संभलकर चलना सीखता है। पहले वह जब़ान से तुतलाता है या लड़खड़ाता है तब उसे बोलना आता है। असफलता गिरावट या पतन का सूचक नहीं है। वह तो हमें अपने पथ पर और आगे बढ़ने की प्रेरणा या हिम्मत देती है।

आज तक जितने भी प्रसिद्ध खिलाड़ी या राजनेता हुए हैं, सबने हारकर ही जीत की खुशी पाई है। हमारी महानता केवल सफलताएँ पाते जाने में ही नहीं है। असफलता

पाने के बाद भी अगर हम आगे बढ़ने का साहस रखते हैं या आशावादी बनते हैं तो वही हमारी महानता है। इसी महानता के कारण हम जीवन में पूर्ण सफलताओं के शिखरों को छू सकेंगे।

एक बार एक सहनशील व्यक्ति का दाहिना पैर टूट गया, तो वह ईश्वर को धन्यवाद देता हुआ बोला, "चलो, अच्छा हुआ में व्यर्थ इधर-उधर घूमने से बच गया। अब एक जगह बैठकर सकारात्मक चिंतन कर सकूँगा।"

व्यक्ति यदि आशावादी हो, तो वह बड़ी से बड़ी विपत्ति या दुर्घटना में भी सहनशील बनकर रह सकता है। आशावादी होने के लिए मनुष्य की विचार क्षमता और दृष्टिकोण महान होना चाहिए। इसके अलावा नकारात्मक विचारों के बजाय उसे हमेशा शुभ सोचना होगा। तभी वह पूर्ण रूप से आशावादी बन सकेगा।

रोग की अवस्था में आशावादी व्यक्ति कभी स्वयं को नहीं कोसेगा और न भगवान को कोसेगा। वह सहनशील होकर रोग का कष्ट झेलेगा तथा यह कहते हुए ईश्वर को धन्यवाद देगा, "चलो अच्छा हुआ, इस बहाने मैं प्रभु को याद तो कर लूँगा और पेराई पीर के दर्द की वेदना भी समझ लूँगा। यह बीमारी अकारण नहीं आई। अवश्य ही इस जन्म में या पूर्व जन्म में मैंने ऐसे अनर्थ कर्म किये हैं, जिनकी सजा बीमारी के रूप में मुझे मिली है। यह बीमारी चले जाने के बाद मैं पूर्व विकर्मों के भार से मुक्त हो जाऊँगा।"

निराशावादी व्यक्ति, 'हाय-हाय', 'हे भगवान !' कहकर बीमारी का कष्ट सहन करते हैं तथा वे दूसरों के अंदर भी गलतियाँ ढूढँकर उन्हें दोष देते रहते हैं।

आशावादी व्यक्ति परिस्थितियों से जल्दी हार नहीं मानता। वह कठिन से कठिन स्थिति में भी अपने जीवन का मार्ग आसानी से निकाल देता है। इस कारण आसानी से लंबे समय तक अपनी सहनशीलता को कायम रख पाता है।

अपना आत्मबल बढ़ाएँ

सहनशीलता को सुदृढ़ करने के लिए आत्मबल बढ़ाना जरूरी है। जो लोग आत्मबल के धनी होते हैं वे प्रारंभ से सहनशील होकर चलते हैं। सहनशीलता के पालन में उन्हें कोई कष्ट उठाना नहीं पड़ता, किन्तु कमजोर और असहाय व्यक्तियों के पास आत्मबल

का अभाव होता है, इसलिए वे मन, वचन, कर्म से टूटे हुए या क्षीण मालूम पड़ते हैं। आत्मबल बढ़ाने के कई तरीके हैं। सबसे बड़ा तरीका आध्यात्मिक योग साधना का है। इसके अलावा निम्नलिखित अन्य विधियों से भी आत्मबल बढ़ाया जा सकता है :

१. सकारात्मक चिंतन, २. साहस से, ३. निर्भयता अपनाकर ४. शरीर को नश्वर एवं अपनी अंतरात्मा को अविनाशी चैतन्य शक्ति मानकर , ५. श्रेष्ठ कर्मों द्वारा ६. यथार्थ कर्तव्य बोध से, ७. सही लक्ष्य का मार्ग चुवक, ८. ईमानदारी से, ९. सत्यता पर चलकर, १०. चारित्रिक उज्जवलता से

जिन लोगों के पास अपना आत्मबल एवं विवेक होता है वे अपने मनोबल को कभी कमजोर नहीं होने देते। जब मनुष्य के मन में हीन भावनाएँ या ऊँच-नीच के विचार घर कर जाते हैं, तो उसका आत्मबल कमजोर पड़ जाता है। इससे सहनशीलता की भी हानि होती है।

खोए हुए आत्मबल को आत्मस्मृति के जरिए भी प्राप्त किया जा सकता है। जब मनुष्य अपनी आत्मा को भूलकर देहात को ही सब कुछ मानने लगता है, तो उसका आत्मबल भी चला जाता है। मिथ्या शारीरिक बल पर घमंड करने से मनुष्य का विवेक कुछ काम नहीं करता।

कितनी अजीब बात है कि आज की दुनिया में मनुष्य धन, बल, भौतिक बल, शारीरिक बल तो बढ़ाना चाहता है, किन्तु अपना योगबल या आत्मबल कोई भी नहीं बढ़ाना चाहता। आत्मबल बढ़ाए बिना हम अपने चरित्र का उत्थान या आत्मोत्थान प्राप्त नहीं कर सकते। सहनशीलता के शब्दकोश में आत्मबल जैसे शब्द का स्थान बहुत ऊँचा है। आज तक जितने महापुरुष हुए हैं, वे आत्मबल के धनी होने के कारण ही महान् बने हैं।

18 पत्नी सुहागरात की तैयारी कैसे करे

सुहागरात का नाम सुनते ही युवतियों के दिलों की धड़कन तेज हो जाती है। उनके मन में होने वाली यह मीठी गुदगुदी उनके मस्तिष्क में कई सवाल पैदा कर देती है। चाहे-अनजाने में ही वे यह सोचने लग जाती हैं कि उनके सपनों के राजकुमार के साथ उनका पहला मिलन कैसा होगा और क्या उनका प्रथम मिलन सुखद ही होगा.... कहीं उसमें किसी तरह की कड़वाहट तो नहीं भर जाने वाली है ?

समझदार युवतियां इन सवालों के जवाब किसी न किसी तरह से अपनी भाभी, बड़ी बहन या अपनी किसी विवाहित सहेली की मदद से पा जाती हैं, मगर नासमझ लड़कियों को इन सवालों को अपने साथ लेकर ही सुहागसेज तक जाना पड़ता है। इन अनसुलझे सवालों के साथ उन युवतियों को भी सुहागसेज तक जाना पड़ता है, जिन्हें गाइड करने के लिए उनके घर में भाभी या बड़ी बहन नहीं होती।

इसके साथ-साथ यह भी सच है कि जो युवतियां सैक्स के प्रति सजग होती हैं और जिन्हें दाम्पत्य जीवन में सैक्स के महत्व का पता होता है, वे खुद को सुहागरात में होने वाले मिलन के सिर्फ शारीरिक रूप से नहीं, बल्कि मानसिक रूप से भी तैयार कर ही सुहागसेज पर पहुँचती है।

बादामी रंग और साधारण नैन-नक्श वाली सीमा से उसका पति विजय बेहत खुश और संतुष्ट है। जबकि इसके विपरीत गोरे रंग और तेज नैन-नक्श वाली पल्लवी का पति कमल सुहागरात के बाद से ही उससे खिंचा-खिंचा रहता है। अपनी खुशी और संतुष्टि की वजह बताता हुआ विजय कहता है - "सीमा हर काम को सलीके से करना जानती है। सुहागरात में जब मैंने उसके कपड़े उतारने चाहे थे तो उसने न तो ज्यादा टाल-मटोल ही की थी और न जरूरत से ज्यादा नखरे ही दिखाए थे। इससे भी ज्यादा खुशी मुझे यह देख कर हुई थी कि उसने पहले से ही खुद को शारीरिक और मानसिक रूप से उस रात के लिए तैयार कर रखा था। उसने अपने बदन की जिस ढंग से सफाई कर रखी थी, उसे देख कर मैं हैरान रह गया। उस रात उसने चाहे खुल कर मेरा साथ नहीं दिया था, मगर अपने किसी हाव-भाव से उसने मुझ पर यह भी प्रकट नहीं

होने दिया कि उसके साथ मैं जो कुछ कर रहा था, वह उस पर नागवार गुजर रहा था।''

सुहागरात में ही पल्लवी के साथ मन-मुटाव हो जाने की वजह बयान करता हुआ कमल कहता है - ''खुबसूरत होना अलग बात है और सफाई पसन्द होना अलग बात है। विवाह मंडप में को देख कर मुझे ऐसा लगा था कि उस जैसी अपूर्व सुन्दरी संसार भर में कोई दूसरी नहीं होगी। उसे अपनी पत्नी के रूप में पाकर मुझे खुद पर गर्व सा होने लगा था, मगर सुहागरात में जब मैंने उसके कपड़े उतारे थे तो मेरे गर्व का पारा भी उतर गया था ओर मेरे सारे अरमान भी किसी अदृश्य तूफान के साथ बह गए थे। लुटा-सा मैं उस दिलकश चेहरे ओर दिलफरेब नैन-नक्शों की मल्लिका को देखता रह गया था। उसके बदन को बालों से भरा हुआ पाकर मेरा सारा उत्साह ठंडा पड़ गया था ओर उसके बदन से उठने वाली पसीने की बदबू ने एक ही पल में मुझे उससे सैकड़ों कोस दूर कर दिया था।''

जब उसकी ननद गौरी को इस बात का पता चला.तो उसने पल्लवी को समझाते हुए कहा - ''औरत का खूबसूरत होना उतना जरूरी नहीं है, जितना कि उसका सफाई पसन्द होना जरूरी है, क्योंकि यौन सम्बन्ध कायम करने और उनमें सफलता हासिल करने में सफाई अहम् भूमिका निभाती है। जिस औरत के बदन से पसीने की बदबू आती हो, उसका पति उसके पास जाने से कतराता रहता है। ऐसी औरत कभी भी अपने पति को पत्नी-सुख देने में कामयाब नहीं हो सकती। उसकी यही विफलता उसके पति को उससे विमुख कर देती है।

उसकी सीख मानकर पल्लवी ने खुद को साफ और स्वच्छ रखना शुरू कर दिया। उसकी स्वच्छता ने पहले दिन ही कमाल कर दिखाया। हर वक़्त उससे दूर भागने वाला कमल अब एक पल के लिए भी उससे अलग होने को तैयार नहीं है।

रमा की शादी का दिन जैसे-जैसे करीब आता जा रहा था, उसके चेहरे की उदासी वैसे-वैसे ही बढ़ती जा रही थी। एक दिन उसकी भाभी ने उससे उसकी उदासी की वजह पूछ ही ली थी। कुछ देर तक शरमाते रहने के बाद उसने बताया था - ''शादी के दिन ही मुझे मासिक धर्म शुरू हो जाएगा। समझ नहीं पा रही हूं कि इस हास्यास्पद और लज्जाजनक स्थिति में सुहागसेज पर मैं उनका सामना कैसे करूंगी।''

"पगली ! इतनी छोटी सी बात को तूने पहाड़ बना दिया है।" उसकी भाभी ने शरारत भरी मुस्कान के साथ उसकी समस्या को हल कर दिया - "तू फिक्र मत करे। हम तेरी और अपने ननदोई की उम्मीदों पर पानी नहीं फिरने देंगे। तुम दोनों भी उस रात को उतनी ही रंगीनी और गर्मजोशी के साथ मनाओगे जिस तरह दूसरे नवविवाहित जोड़े मनाते हैं। मैं आज ही बाजार से तुम्हें एक ऐसी दवा ला दूंगी, जिसे खा लेने से तुझे मासिक धर्म आठ-दस दिन बाद शुरू होगा।"

कुसुम की शादी को जब चार दिन रह गए तो उसकी बड़ी बहन कुमकुम ने उसे समझाते हुए कहा, "मेरी शादी करीब चार साल पहले हुई थी। तब जिन्दगी इतनी तेज़ नहीं थी। इससे भी बड़ी बात यह है कि मैं तेरी तरह नौकरीपेशा नहीं थी। मेरी शादी से सात दिन पहले ही मां मेरे बदन पर उबटन लगाने लगी थी। उबटन लगाने से औरतों की काया तो कमनीय हो जाती है, साथ ही उनके बदन से भीनी-भीनी खुशबू भी आने लगती है। नौकरीपेशा होने की वजह से तेरें पास इतना वक्त नहीं हैं कि उबटन लगा सके। मगर वक्त की कमी को ध्यान में रखकर तू दूध से तो नहा ही सकती है। एक कटोरा दूध लेकर या तो रुई की मदद से उसे अपने बदन पर स्पंज कर लिया कर या फिर करीब पचास ग्राम मिल्क पाउडर बाल्टी भर पानी में मिलाकर उससे नहा लिया कर। इसके साथ ही कुमकुम ने यह भी हिदायत दे डाली थी कि दूध के साथ नहाने के बाद उसे किसी प्रकार का साबुन इस्तेमाल करने की जरूरत नहीं है।

उस दिन के बाद कुसुम ने वैसा ही करना शुरू कर दिया था। हर बीतने वाले दिन के साथ उसके रूप पर निखार आता चला गया।

शादी से ठीक एक दिन पहले कुमकुम ने उसकी बगलों, गुप्तांग, जांघों और टांगों के बाल साफ़ करवाकर कुसुम को शारीरिक रूप से सुहागरात के लिए तैयार कर दिया। इस काम को निपटाने के बाद वह उसे मानसिक रूप से सुहागरात के लिए तैयार करने लगी - "हम महिलाओं के लिए सुहागरात का मतलब होता है अपनी अब तक की संचित शारीरिक सम्पत्ति को सम्पूर्ण मनोयोग के साथ अपने पति को सौंप देना। इसलिए जरूरी है कि सुहागसेज पर बैठी दुल्हन सहज बनी रहे तथा हर बात को स्वाभाविक रूप से स्वीकार करती जाए। सहज और स्वाभाविक बनी रहना इसलिए भी जरूरी है, क्योंकि उसके साथ कुछ भी गलत नहीं हो रहा होता। इसके विपरीत इस क्रिया को

असहज और अस्वाभाविक रूप से स्वीकार करने वाली युवतियों को अधिक पीड़ा और तकलीफ का सामना करना पड़ता है। इस क्षणिक पीड़ा से घबरा कर युवतियां चीखने-चिल्लाने लग जाती हैं। ऐसा नहीं करना चाहिए, क्योंकि यह क्षणिक दर्द कुछ देर बाद केवल ठीक ही नहीं हो जाता , बल्कि आनन्द में भी बदल जाता है। यही वह आनन्द है, जो पति-पत्नी को जीवन भर के लिए एक-दूसरे से बांध देता है। हां, यहां पर यह बात जरूर गौरतलब है कि जिस तरह सुहागसेज पर बैठी युवती को असहज और अस्वाभाविक नहीं होना चाहिए, उसी तरह उसे अपनी मर्यादाओं से बाहर होकर न तो यौनक्रिया में रत होने के लिए ज्यादा उत्साह ही दिखाना चाहिए और न इस काम के लिए उसकी तरफ से किसी तरह की पहल ही की जानी चाहिए, क्योंकि उसकी ऐसी कोई भी हरकत उसके पति के मन में गलतफहमी को जन्म देकर उसके चरित्र को संदिग्ध बना सकती है।

यह सिर्फ कुसुम की बात नहीं है। इन बातों पर अगर हर युवती ध्यान दे तो हो ही नहीं सकता कि उसका नया-नवेला पति उससे कभी विमुख हो सके।

19 शारीरिक सम्बन्धें में एकरसता न आने दें

जीवन में किसी भी काम से उकता जाना, किसी भी काम से ऊब जाना, किसी भी प्रकार अस्वाभाविक नहीं होता, बल्कि इसे तो मानव स्वभाव की सहज ओर सरल प्रक्रिया ही माना जा सकता है। यह वह स्थिति है, जब आदमी उन्हीं कामों से विमुख हो जाता है, जो कभी उसे अति प्रिय और रुचिकर लगे होते हैं। किसी काम से उकताहट अथवा विमुखता तभी होती है, जब उस काम को करते-करते मानव जीवन में एकरसता आ जाती है। जब यही एकरसता मनुष्य के दाम्पत्य विशेषकर उसके शारीरिक सम्बन्धों में घर कर जाती है तो तेज गति से चलने वाली उसके जीवन की गाड़ी की रफ्तार कम हो जाती है। कई बार तो ऐसा भी होता है कि उसे जीवन की गाड़ी की गति मन्द ही नहीं होती, बल्कि गाड़ी पूरी तरह से पटरी से उतर जाती है।

इन हालात में वही जीवन साथी जिसे उसने कभी अपनी जान से भी ज्यादा चाहा होता है, प्यार किया होता है और जिसके साथ उसने जीने-मरनें की कसमें खाई होती हैं, वही उसे अपना दुश्मन दिखाई देने लगता है। जिसकी एक-एक अदा पर उसने हजार बार कुर्बान हो जाना चाहा होता है, उसकी वही अदाएं उसे लुभाने के बजाय उसे झुंझला देती हैं। उसकी यही झुंझलाहट और खीज उनके दाम्पतय को कड़वा और अवसादपूर्ण बना देती है।

एक-दूसरे को पति-पत्नी के रूप में पाने के लिए मल्लिका और मलय को कभी जमाने से टकराना पड़ा था। उनकी लगन सच्ची थी, सो अन्त में जीत भी उन्हीं की हुई थी और वे दोनों पति-पत्नी बनने में कामयाब हो गए थे। शुरू-शुरू में उन्हें देखकर ऐसा ही लगता था, जैसे विधाता ने उन दोनों को जमीन पर भेजा ही एक-दूसरे का होने के लिए था। उनकी जिन्दगी की गाड़ी की गति बहुत ही धीमी पड़ गई है। वे दोनों ही एक-दूसरे से खिंचे-खिंचे से रहने लगे हैं। कल तक जो मल्लिका मलय की तारीफों के पुल बांधती नहीं थकती थी, आज उसी मल्लिका को मलय में कमियां केवल दिखाई

ही नहीं देने लगी है, बल्कि वह उसकी कमियों को लोगों तक भी पहुंचाने लगी है। जब भी उसे वक्त मिलता है, वह मलय की बुराई करना शुरू कर देती है।

मलय के साथ उसे सबसे बड़ी शिकायत यही है कि वह मल्लिका को मात्र शरीर समझता है और उसके साथ हमेशा शारीरिक भाषा और स्तर पर ही बात करने की कोशिश करता है। मलय उसकी मनोभावनाओं को भी समझने की चेष्टा नहीं करता। अपनी बात को सबल बनाने के लिए वह यह भी दलील देती है कि मलय यह भी समझने की कोशिश नहीं करता कि आदमी एक ही काम को बार-बार करता हुआ उससे उकता जाता है। उसे मलय से यह भी शिकायत है कि अगर वह मलय का साथ देने से इन्कार कर देती है तो वह लड़ाई-झगड़े पर उतर आता है।

उधर मलय अपने मन की व्यथा को उजागर करता हुआ कहता है कि अगर उसे इस बात का थोड़ा सा भी आभास होता कि विवाह के दो साल बाद ही उनके दाम्पत्य में कड़वाहट भर जाएगी तो उसने मल्लिका को पाने के लिए कतई इतने हाथ-पांव न मारे होते। मल्लिका की जगह उसने किसी ऐसी युवती के साथ शादी कर ली होती, जो कम से कम उसकी शारीरिक भूख को तो शान्त कर सकती।

रमेश और नीरा की कहानी भी मल्लिका और मलय से बहुत हद तक मिलती-जुलती है। रमेश भी आजकल पहले की तरह समय से न तो घर ही आता है और न उसे कभी नीरा के साथ बाजार-पार्क आदि में घूमते हुए ही देखा जा सकता है। अपने दोस्तों अथवा साथियों से मिलते समय वह मुस्कराता हुआ अवश्य दिखाई देता है, लेकिन अगर उसके चेहरे को ध्यान से देखा जाए तो उसकी सुन्दर-सी आंखों से झलकती हुई उदासी साफ दिखाई दे जाती है। एक दिन अवसर पाकर मैंने उससे उसकी इस उदासीनता का कारण पूछ ही लिया था। पहले-पहल तो वह बात को बदलने का प्रयास करता रहा था, लेकिन जब उसे यह महसूस हो गया कि सच्चाई बताए बिना उसका पीछा छूटने वाला नहीं था तो उसने अपने मन का बोझ उतार ही दिया था - "बात तो घर की है और घर की बातों को बाहर लाकर मैं तमाशा नहीं बनना चाहता, लेकिन अब ऐसे लगने लगा है कि मुझे तमाशा बनना ही पड़ेगा। पता नहीं इस नीरा को क्या हो गया है ? पिछले तीन-चार महीनों से उसमें एक अजीब सा परिवर्तन आने लगा है। मुझे जब भी उसकी जरूरत होती है तो वह ठीक वैसे ही बिदक जाती है, जैसे पूंछ पर हाथ लगाने से घोड़ी बिदक जाती है। कल तक तो उसने कभी मुझे इन्कार नहीं किया था।

इससे भी बड़ा सच यह है कि शुरू-शुरू के दिनों में तो कई बार वह ख़ुद मुझे आमन्त्रित कर लिया करती थी, लेकिन आज वही नीरा मेरी शारीरिक मांग को पूरा करने से घबराती है। मैं तो उसे समझा-समझा कर हार गया हूं। मेरी हर बात के उत्तर में उसका यही कहना होता है कि उसका मन इस काम से उकता चुका है। बस उसका यही 'ठंडापन' मेरी उदासी का कारण है। अब तुम्हीं बताओ कि अगर आदमी की शारीरिक भूख शान्त नहीं होगी तो भला उसके जीवन में उल्लास और प्रफुल्लता नाम की कोई चीज बची रह सकती है। क्या वह उस आदमी की तरह से चहक सकता है, जिसका पेट भरा हुआ हो।" अपनी बात को खत्म करता हुआ वह कहता है - "अगर उसका यह ठंडापन दूर न हुआ तो बहुत सम्भव है कि मुझे अपनी भूख मिटाने के लिए किसी दूसरी औरत का सहारा लेना पड़ जाए।"

इन दोनो दम्पत्तियों की तरह ही कभी कमल और अनीता के दाम्पत्य में भी ऐसा ही पड़ाव आया था। उनका दाम्पत्य भी ठहर कर रह गया था। उस समय उनके जीवन में अगर चमत्कार न हो गया होता तो दोनों तलाक लेकर आज एक-दूसरे से अलग होकर जिन्दगी बिता रहे होते। हुआ यह था कि उन्हीं दिनों कमल को अपने एक दोस्त की शादी में शामिल होने के लिए शिमला जाना पड़ा था। न चाहते हुए भी अपनी सामाजिक मर्यादा को बनाए रखने के लिए वह अनीता को भी अपने साथ ही ले गया था। शिमला पहुंचते ही उन दोनों में एक आश्चर्यजनक परिवर्तन आना शुरू हो गया। शादी के माहौल में एक तो उन्हें चार-पांच दिनों के लिए एक-दूसरे से अलग रहना पड़ा था और एक दिन दूसरे लोगों के साथ वे घूमते हुए कई ऐसे स्थानों पर चले गए थे, जहां वे अपने मधुमास (हनीमून) के दौरान गए थे। उन जगहों को देखकर दोनों के दिलों में बसी पुरानी यादों ने उछालना शुरू कर दिया था। उन्हें वे वादे भी याद आने लगे जो तब उन्होंने एक-दूसरे के साथ किए थे। एक-दूसरे के प्रति सो चुके उन दोनों के ही जज़बातों में उफ़ान आ गया। उस उफ़ान में उनके दिलों पर जमी हुई मैल की परत वह गई और वे दोनों फिर से एक-दूसरे के प्रति पहले-सा लगाव और आकर्षण महसूस करने लगे। दोनों ही एक-दूसरे को पाने के लिए मचलने लगे।

दोस्त की शादी से निपट कर वापस घर आने की बजाय कमल अनीता को पहले से ही बुक करवाए गए होटल में ले गया। यह वही होटल था, जहां उन्होंने अपने मधुमास के मीठे दिन-रात गुजारे थे। संयोग से उन्हें कमरा भी वही मिल गया था, जिसमें वे

तब रहे थे। कमरे का दरवाजा बन्द करने के साथ ही वे दोनों एक-दूसरे में कुछ इस कद़र खो गए थे जैसे उन्हें दुनिया भर से कोई सरोकार ही नहीं था। इस मिलने से उनके सारे गले-शिकवे मिट गए और उनके आपसी सारे मनमुटाव प्यार के उस तूफान में बह गए। आज उनकी शादी को लगभग दस साल हो गए हैं, लेकिन उनके हंसते-मुसकराते चेहरों को देख कर आज भी ऐसा प्रतीत होता है, जैसे उनका दाम्पत्य सालों पुराना नहीं, बल्कि एकदम नया और ताजा हो।

इन तीनों दम्पतियों के हालात पर अगर एक गहरी नजर डाली जाए तो स्पष्ट हो जाता है कि इन तीनों की पत्नियां सैक्स से विमुख हो चुकी थीं और उनमें यह विमुखता आई थी शारीरिक सम्बन्धों में एकरसता के कारण। अगर कमल और अनीता की ही तरह से मल्लिका और मलय तथा नीरा और रमेश के जीवन में भी कोई चमत्कार हो जाता, जो उनकी एकरसता को तोड़ सकता, उनके दाम्पत्य में हल्का सा परिवर्तन ला सकता तो उनका दाम्पत्य बिखरने की बजाय सम्भल जाता और वे भी कमल और अनीता की तरह से जिन्दगी का सुख भोगने लगते।

वैसे भी एकरसता के बारे में मनोवैज्ञानिकों का कहना है कि नारी पुरुष से अधिक कोमल और संवेदनशील होती है। यही कारण है कि पुरुष की अपेक्षा नारी इस एकरसता की अधिक और शीघ्र शिकार होती है और यह एकरसता उसके मन को शुष्क बना देती हैं। उसके मन की यह शुष्कता उसके लिए दैहिक सम्बन्धों को रूखा और कष्टप्रद बना देती हे। ऐसे हालात में अगर पति पत्नी की इच्छा के विपरीत दो-चार बार उसके साथ सहवास कर ले तो वह स्वयं को उपेक्षित और अपमानित महसूस करने लगती है। वह स्वयं को मात्र भोग्या समझने लगती है। ऐसी स्थिति में उसका कुंठित हो जाना स्वाभाविक ही होगा। कभी-कभी यही कुंठा उसे मानसिक रोगी भी बना देती है।

इन बातों से स्पष्ट हो जाता है कि एकरसता दाम्पत्य जीवन की सबसे बड़ी दुश्मन है। समझदार दम्पत्ति या तो अपने दाम्पत्य में एकरसता आने ही नहीं देते और अगर कभी उनके दाम्पत्य में यह चुपके से आ ही जाए तो उसे स्थान परिवर्तन अथवा चार-पांच दिनों के लिए एक-दूसरे से अलग होकर अपने जीवन से निकाल देते हैं। पति-पत्नी अपनी-अपनी दिनचर्या में भी छोटे-छोटे परिवर्तन करके अपने दाम्पत्य को एकरसता से बचाकर मादक और मनभावन बना सकते हैं। इसके साथ ही वे सैक्स को दाल-रोटी की तरह से नहीं, बल्कि उसे व्यंजन विशेष की तरह खाते हैं, जिसे केवल खास अवसरों पर ही बनाया जाता है।

20 घर में भी सज-संवर कर रहें

गंदा अव्यवस्थिति घर, अस्त-व्यस्त वस्त्र, बिखरे बाल, इधर-उधर पड़ी हुई घर की वस्तुएं देखकर पति तो सिर पकड़कर बैठ ही जाता है, बच्चे भी अपने मित्रों को घर में लाने में संकोच करते हैं। जबकि सजी-संवरी पत्नी के रूप में वह सबका मन मोह लेती है। पति-पत्नी से, बच्चा-मां से मिलने को उत्सुक रहता है। पति की इस उत्सुकता को कभी खत्म न होने दें, हमेशा तैयार रहें।

नारी शब्द के साथ ही सौंदर्य की अनुभूति होने लगती है। इस सुंदरता में अगर थोड़ी सजावट और हो जाए तो सोने पे सुहागा का काम करती है। पत्नी के सजने-संवरने का सबसे अधिक प्रभाव पति पर ही पड़ता है। सजने-संवरने का यहां अर्थ यह नहीं होगा कि आप हमेशा भारी-भरकम गहने शरीर पर लादें रहें। या फिर सौंदर्य प्रसाधनों को अपने चेहरे पर इतना पोतें कि आपको देखकर घर के लोग ही 'हीरोइन' कहकर आपका मजाक उड़ाने लगें। यहां आशय सिर्फ यह है कि प्रायः हमारे पारिवारिक जीवन में महिलाएं तभी सजती-संवरती हैं जब वे घर से बाहर जा रही हों। घर के अंदर तो वैसे ही रहती हैं, जैसे अभी-अभी सोकर उठी हों। अपने सजने-संवरने के प्रति उनकी यह उदासीनता जहां दाम्पत्य संबंधों में नीरसता लाती है, वहीं उनमें आत्मविश्वास का भी ह्रास होने लगता है। ऐसी महिलाएं सोचती हैं कि 'अरे घर पर बनाव-श्रृंगार की क्या जरूरत है....... यहां हमें कौन देखता है ?" ऐसी महिलाएं जो स्वयं अपना बनाव-श्रृंगार नहीं कर पातीं, वे घर को कैसे व्यवस्थित रख पाती हैं। उनका पूरा का पूरा घर भी अव्यवस्थित ढंग से पड़ा रहता है। एक ओर गंदे कपड़े पड़े हुए हैं, तो दूसरी ओर सुबह की चाय के जूठे कप... एक ओर जूते पड़े हैं, कहीं सुबह का अखबार, तो कहीं झाड़ू या फिर बच्चे के दूध की शीशी। वास्तव में इस प्रकार की सोच वाली महिलाओं को उस समय काफी नीचा देखना पड़ता हैं, जब कोई असमय ही घर में आ जाता है अथवा उन्हें असमय ही कहीं जाना पड़ता है।

सज-संवर कर रहना, हमेशा तरोताजा, स्मार्ट रहना आज की प्रगतिशील महिलाओं की पहली पसंद है। इस प्रकार की सजी-संवरी पत्नी भी जहां पति को अपनी ओर

आकर्षित करती है, वहीं उसमें आत्म संतुष्टि का एक ऐसा भाव होता है जो उसे हमेशा प्रसन्न रखता है।

अच्छी सलीके से पहनी हुई साड़ी कुछ चूड़िया, हल्की सी लिपस्टिक, लगी हुई छोटी सी सुहाग बिंदी और चेहरे पर खिली हुई मधुर मुस्कान आपके व्यक्तित्व को तो आकर्षक बनाएगी ही, साथ ही दफ्तर से लौटे पति की भी इस मुस्कान से स्वागत कर सकेंगी। अपने इस सजने-संवरने को आप स्वयं भी दर्पण में देखें और घर में संजने-संवरने के लिए आप जो कर सकती हैं, अवश्य करें। घर में सज-संवर कर रहना एक जीवन शैली है, सलीकेदार जीवन शैली। इसे कला के रूप में स्वीकारें। इससे आपकी प्रतिष्ठा बढ़ेगी और आपके घर में आने वाले मेहमानों, पड़ोसियों, यहां तक कि सहकर्मियों पर भी आप अच्छा प्रभाव डालेंगी। सच तो यह है कि आधुनिक जीवन में हर पति यह भी चाहता है कि उसकी पत्नी सलीके से रहे। हर समय सज-संवर कर शालीनता से घर आने वाले से पेश आए। जिससे उसकी मान-प्रतिष्ठा बढ़े।

जब पति काम से लौटकर घर आता है तो अस्त-व्यस्त, बिखरे बालों वाली पत्नी को देखकर उसकी थकान कम नहीं होती, बल्कि और बढ़ जाती है।

दूर-दूर तक फैली हरियाली, सुदर वादियां, देखकर मन प्रसन्न होता है। खिले फूलों को देखकर मन को शांति मिलती है, तो इसी प्रकार सजे-संवरे हमराही को देखकर भी तो मन शांत होगा ? आप भी इस पारिवारिक सत्य को स्वीकारें।

खुशबु वहीं से आएगी, जहां फूल होंगे, आंखे वहीं ठहरेंगी जहां सौंदर्य होगा, यह प्रकृति का नियम है। आप प्रकृति के इस नियम को अपने सजने-संवरने के सत्य के रूप में स्वीकारें। सज-संवरकर पति के आकर्षण का केंद्र बनें। दाम्पत्य जीवन में आपकी उदासीनता नीरसता का कारण बन सकती है।

"भाभी कहां जा रही हो.... ?" राधिका ने तैयार होकर खड़ी ज्योति को देखकर पूछा।

"कहीं भी तो नहीं......"

"फिर सुबह-सुबह सज-संवर कर"

ज्योति कोई उत्तर देती, इससे पहले आप ही बोली, "समझ गई..... समझ गई" और फिर शरारत भरी नजरों से भाभी की ओर देखती हुई बोली, "अब मैं समझ गई

कि भैया तुम्हारें आस-पास क्यो मंडराते रहते हैं..... जब भी देखो दफ्तर से इतनी जल्दी घर क्यों आ जाते हैं....।" ज्योति को लगा जैसे कोई उसकी इस सोच का समर्थन कर उसकी प्रशंसा कर रहा था।

वास्तव में पति-पत्नी में देह का आकर्षण भी एक सत्य है कि और इस सत्य को मुखरित करने के लिए पहल पत्नी को ही करनी पड़ती है। इसलिए आपकी आयु, आर्थिक और सामाजिक स्तर चाहे जो भी हो, हमेशा साफ-सुथरी, सुंदर, आकर्षक बनी रहें। इससे जहां आप अपने पति को लगाम खींच कर रखेंगी। वहीं आपके नयनों की डोर भी कभी कमजोर नहीं पड़ेगी। अपने आपको चुस्त-दुरस्त, आकर्षक सुंदर और 'एवरग्रीन' बनाने के लिए कुछ भी उपाय करें।

सुरुचिपूर्ण वस्त्रों का चुनाव

पहनने के कपड़े अधिक भड़कीले, चटक रंगों के न होकर सादगीपूर्ण स्वच्छ होने चाहिए, लेकिन इतने सादगीपूर्ण न हों कि आपको लोग 'देवदासी' समझने लगें और आप अपने पति की मीरा बनकर रह जाएं। वस्त्रों का रख-रखाव बड़ी सुघड़ता के साथ करें। उनकी इतनी सुंदर सिलाई करें कि वे आपके शरीर के अंगों के अनुसार ही बनें। लटके हुए अथवा ऊपर से थोपे हुए दिखाई न दें। अपने घर के दैनिक वस्त्रों का चुनाव कुछ इस प्रकार से करें कि उसमें आपका व्यक्तित्व आकर्षित हो और आप सुंदर दिखाई दें। हल्के गुलाबी, हल्के पीले नीबू रंग के वस्त्र या मौसम के अनुसार गहरे रंगों के वस्त्र पहनें।

बनाव-श्रृंगार

रूप राशि को सजाने-संवारने के लिए अनेक सौंदर्य प्रसाधन बाजार में सुलभ हैं। इन सौंदर्य प्रसाधनों का इतना संतुलित उपयोग करें कि ये आपके नैसर्गिक सौंदर्य को बढ़ाएं। इनका इतना अधिक उपयोग न करें कि इससे आपकी कमनीय त्वचा ही खराब हो जाए। इन सौंदर्य प्रसाधनों का उपयोग करते समय अपने चेहरे की आवश्यकताओं का मूल्यांकन करें। यदि कभी-कभी ब्यूटी पार्लर जाना पड़े तो इसमें संकोच न करें। सौंदर्य के प्रति अपनी अनुभूति को कभी न मरने दें। हमेशा आकर्षक और सजी-संवरी दिखाई दें। कुछ प्राकृतिक सौंदर्य प्रसाधन और घरेलू वस्तुओं का उपयोग भी करें। कच्चा दूध, मलाई, नीबू का रस, संतरे के छिलके, बेसन, दही का बना उबटन प्रयोग करें।

इससे जहां आपके चेहरे की त्वचा में निखार आएगा, वहीं आपकी त्वचा कोमल और मुलायम बनी रहेगी। बालों के बारे में भी जागरूक रहें। इस प्रकार की सोच में आप हमेशा आकर्षक बनी रहेंगी और उनकी आंखों में बसी रहेंगी।

व्यस्तता न ओढ़ें

अक्सर विवाह के कुछ दिनों बाद ही महिलाएं सजने-संवरने के प्रति उदासीन होने लगती हैं। इस बीच यदि वे मां बन जाती हैं, तो उनका अधिकंश समय बच्चे की देख-रेख में ही व्यतीत होने लगता है। ऐसी महिलाएं 'बिना काम के ही व्यस्त' बनी रहती हैं या व्यस्ततता का भ्रम पाल लेती हैं। इन्हें अपने सजने-संवरने के लिए समय ही नहीं मिलता और न ही वह उसकी आवश्यकता ही समझती हैं। ऐसी महिलाएं पति की उस चाह को भी पूरा नहीं कर पातीं, जिसे दाम्पत्य जीवन की सरसता कह जाता है। अपनी रूप राशि और शारीरिक रख-रखाव के लिए निम्न उपाय कर हमेशा तरोताजा, जवान और आकर्षक बनी रहें -

- प्रातःकाल भ्रमण के लिए जाएं। यदि यह संभव न हों तो प्रातः जल्दी उठकर नित्य कर्म से निवृत होकर हल्का व्यायाम करें। कुछ सरल आसन करें। योग के सरल आसन महिलाओं को स्वस्थ तथा चुस्त रखने में बड़े सहायक होते हैं। सुबह खाली पेट पानी पीने की आदत डालें। इससे आपकी कार्यक्षमता बढ़ेगी और आप दिन भर तरोताजा बनी रहेगी।
- चाय, शराब, काफी, तंबाकू, पाउच सुपारी, रात अधिक देर तक जागना आपके सौंदर्य पर विपरीत प्रभाव डालेगा, इनसे बचें।
- दिन में कम सोएं। जो महिलाएं दिन में अधिक सोती हैं, उनका मोटापा तो बढ़ता ही है, साथ ही मानसिक रूप से भी अनेक विकृतियां घर करने लगती हैं।
- कुछ शारीरिक श्रम करें। इससे मांस-पेशियां सक्रिय बनती हैं। रात को अच्छी नींद आती है और मन प्रसन्न रहता है। तनाव से मुक्ति मिलती है। अवसाद की स्थिति नहीं निर्मित होती।
- भोजन के प्रति सावधानी बरतें। विशेष कर गर्भ के समय भरपूर पौष्टिक आहार लें। इससे जहां रक्ताल्पता नहीं आएगी, वहीं जच्चा-बच्चा स्वस्थ बने

रहेंगे। तला हुआ भोजन अधिक मात्रा में न लें। जहां तक हो फल, रस और हरी सब्जियों का अधिक प्रयोग करें। मौसम के अनुसार सुलभ फलों का उपयोग रोग निरोधक क्षमता बढ़ाता है, अतः इनका अधिक से अधिक उपयोग करें।

कुछ इसी प्रकार की अपेक्षाएं पत्नी भी पति से करती हैं। उसका सजा-सजीला स्वस्थ शरीर न केवल पत्नी को मानसिक रूप से संतुष्ट रखता है, बल्कि उसे अपने पति के इस सजीले, रोबीले व्यक्तित्व पर गर्व भी होता है। पति के प्रति गर्व का यह अहसास उसे बहुत गहराइयों तक पति से जोड़ता है। पति-पत्नी का यह जुड़ाव ही दाम्पत्य जीवन की सरसता है। इसलिए आकर्षक बन एक-दूसरे की आंखों में एक-दूसरे की चाह पैदा करें। इसके लिए सदैव -

- साफ-सुथरे आकर्षक रंगों वाले कपड़े पहनें।
- अपने संजने-संवरने के प्रति जागरूकता बरतें।
- घर को फूलों से सजाएं।
- पहनने-ओढ़ने के कपड़े साफ रखें।
- परदे, चादरें, तकिए के गिलाफ आदि साफ-सुथरे रखें।

लेकिन ध्यान रखें -

- तेज खुशबू का इस्तेमाल न करें।
- गहरे रंगों के कपड़े न पहनें।
- दिन में रसोई का काम करते समय मैक्सी, गाउन आदि न पहनें।
- बहुत झीने, पारदर्शी कपड़े न पहनें।
- सजने-संवरने में घंटों न लगाएं।
- कभी-कभी ब्यूटी पार्लर जाने में संकोच न करें।

"खिले फूल पर ही भौरें मंडराते हैं।"

21 ऐसे बनाएं पति को दीवाना

ऐसी पत्नियां भाग्यशाली समझी जाती हैं, जिनका वैवाहिक जीवन सुखमय हो। पति उनकी कद्र करते हों, प्रशंसा करते हों, और दीवाने बने रहते हों। इसी तरह ससुराल वाले भी बहू की इज्जत करते हों व प्यार देते हों। यदि आप भी चाहती हैं कि आपका पति आपका दीवाना बना रहे, तो कुछ बातों का अवश्य ध्यान रखें :-

- सर्वप्रथम अपने स्वास्थ्य का खूब ख्याल रखें अर्थात शरीर पर चर्बी की पर्तें न चढ़ने दें। मोटे हो जाने पर शरीर की चुस्ती व सुंदरता दोनों ही गायब हो जाती है और इससे पति को पत्नी के प्रति वैसा आकर्षण नहीं रह पाता, जैसा विवाह के प्रारंभिक समय में रहा था।
- आप शरीर में खूब चुस्ती-फुर्ती रखें। अपना, पति व बच्चों का हर कार्य करने को तत्पर रहें। पत्नी की चुस्ती से पति अवश्य प्रभावित होता है।
- अत्यधिक बातूनी पत्नियों को कोई पसंद नहीं करता, अतः बहुत ज्यादा बातूनी न बनें। काम ज्यादा, बातें कम वाली नीति अपनाएं। इसका यह अर्थ नहीं कि ख़ाली वक्त में बातें न करें। बातें जरूर करें, परंतु व्यर्थ की निंदा या चुग़लखोरी ठीक नहीं।
- घर को व्यवस्थित रखें व बच्चों को भी अनुशासन में रहना सिखाएं। घर की अच्छी सफाई पत्नी को पति के अतिरिक्त अन्य सभी की प्रशंसा का पात्र बनाती है।
- पराए संबंधो से बचें। याद रखें विवाहेतर संबंध कोई भी पुरूष कदापि बरदाश्त नहीं कर सकता। यह एक ऐसी चिंगारी है, जो सुखी वैवाहिक जीवन में आग लगा देती है।
- पति के दिल की रानी बनने के लिए पति की मां, यानी अपनी सास की खूब इज्ज़त करें। अपनी ससुराल के सभी संबंधियों को इज्ज़त व प्यार देने से पत्नी का सम्मान पति की नज़रों में बढ़ जाता है।

- पति को समय-समय पर उसकी पसंद के स्वादिष्ट व्यंजन बनाकर खिलाएं।
- पति के घर में आते ही शिकायतों का पिटारा कभी न खोलें। यदि आप किसी कारण परेशान भी हों तो उसके आने के कुछ देर बाद ही अपनी परेशानी बयान करें।
- पति की बात सुनने के लिए अच्छी श्रोता बनें।
- पति से बात-बात पर बहस या तकरार से बचें। जहां तक हो, उनसे एकमत होने का प्रयास करें।
- यदि पति की गलत आदतों को बदलना चाहती हैं, तो झगड़े से नहीं प्यार से बदलने का प्रयास करें।
- यदि किसी बात पर पति से अनबन हो जाए, तो समझौते के लिए पहल करना सीखें।
- यदि किसी बात पर पति को क्रोध आ जाए या वही अपनी गलत़ बात को सही साबित करने का प्रयास कर रहा हो तो उस वक्त़ उसकी हर बात चुपचाप सुने। उससे बहस न करें। बाद में स्थिति शांत होने पर अपना पक्ष रखें।
- पति के आने के वक़्त सज-संवर कर रहें। यदि किसी दिन खाना बनाते या घर का काम करते वक़्त कपड़े गंदे हो गए हों, तो पति के आने से पहले बदल लें। सजने-संवरने का तात्पर्य नए वस्त्र पहनने से नहीं, वरना साफ-सुथरा व चुस्त-दुरस्त रहने से है।
- पति की हर इच्छा-अनिच्छा का इतना ध्यान रखें कि वह अन्य स्त्रियों की ओर आकर्षित ही न हो। यदि उसे कभी कोई स्त्री अच्छी भी लगे और वह उसकी प्रशंसा करें, तो आप जल-भुनकर खाक़ न हो जाएं। आपकी अच्छाईयों से तुलना करने पर उसे कोई स्त्री अच्छी लगेगी ही नहीं।
- पति के साथ सेक्स सम्बन्धों में सहयोग करें व उसकी इच्छापूर्ति करें। आपका ठंडापन या अधिक नखरे पति को आपसे दूर कर सकते हैं।
- अपनी योग्यता से पति को इतना कायल करें कि पति आपकी प्रशंसा अन्य लोगों के सामने भी करे।

- पति की आय के अनुसार व्यय करने की नीति अपनाएं। कम आय में भी संतुष्ट रहना सीखें।
- पति पर बार-बार शक न करें। उसका विश्वास करना सीखें।
- पति के स्वास्थ्य का ध्यान रखें। उसके बीमार होने पर उसकी दवा व उचित भोजन की व्यवस्था करें।
- शाम को पति के आने पर अपने घर के कार्यों में या बच्चों में ही न उलझी रहें। अपना वक्त पति के साथ अवश्य बिताएं।
- पति के साथ अपने विचार 'शेयर' करें। विचारों का आदान-प्रदान मर्यादित होना चाहिए।
- अक्सर पति की आंखों में आंखे डालकर प्यार-भरी बातें करें ?
- पति को कभी-कभार लिपस्टिक लगे होंठों से चूम लें। यह पति को विवाह के आरंभिक दिन की याद दिलाएगा।
- यदि आप संयुक्त परिवार में रहती हों, तो भी सभी लोगों के बीच पति की छुअन महसूस करें या कुछ क्षणों के लिए आंखों में आंखे डालकर निगाहें मिलाएं।
- पति से दूर न रहें। बहुत अधिक दिनों के लिए मायके न जाएं। आप जब भी मायके जाएं, तो यथासंभव फोन पर उनसे बातें करती रहें। यदि अधिक दूरी नहीं हो, तो बीच-बीच में मिलने के लिए उन्हें बुला भी सकती हैं।
- पति की छोटी-मोटी गलतियों को नजरअंदाज करें। उन्हें टोका-टाकी न करें। बड़ी गलतियों के घातक परिणामों के बारे में सामान्य और सहज क्षणों में ही बताएं। उन्हें सुलझाने की कारगर सलाह दें।
- लड़ाई-झगड़े को लंबा न खिचने दें। कई दिन तक उसी बात को दोहराने या याद दिलाने से दूरिया बढ़ जाती हैं। बात शांत हो जाने पर उसके बारे में पुनः जिक्र करना ठीक नहीं।

22 सहजीवन में तालमेल के टिप्स

माता-पिता का यह दायित्व है कि वे अपनी बेटी को विवाह के पूर्व ही दुनियादारी व वैवाहिक जीवन की स्थितियों से अवगत कराएं, ताकि उसमें स्थिति के अनुसार तालमेल बैठाने की योग्यता आ जाए। यदि स्त्रियां विवेक से काम लें और कुछ खास बातों का ध्यान रखें, तो झगड़ो व तनाव की नौबत ही नहीं आएगी।

कुछ खास बातें, जो पति-पत्नी के संबंधों में प्रगाढ़ता के लिए अत्यधिक महत्वपूर्ण हैं, यहां प्रस्तुत की जा रही हैं -

- एक दूसरे की आदतों को समझने का प्रयास करना चाहिए और उन्हीं के अनुसार आचरण करना चाहिए।
- एक-दूसरे की अपेक्षाओं का ध्यान रखना और उन्हें पूरा करने का प्रयत्न जरूरी है।
- एक-दूसरे को कोई बात बुरी लगे, तो ताना मारकर या उसी समय चिल्लाकर या झुंझलाकर अपना विरोध प्रकट नहीं करना चाहिए, बल्कि चुप रह जाना चाहिए। बाद में एकांत में अपनी शिकायत करनी चाहिए।
- अपने आप पर विश्वास होना, पढ़ी-लिखी व काबिल होना किसी भी युवती के लिए गर्व की बात है, परंतु यदि कोई कार्य ऐसा है, जो पति नहीं कर पाता, तो उसका मजाक़ उड़ाना मूर्खता है।
- पति या पत्नी में किसी प्रकार की कमजोरी हो या अक्षमता हो, तो उसे दूसरों के सामने नहीं बताना चाहिए। उसी कमी की दूसरों के सामने खिल्ली तो कभी भी न उड़ाएं।
- इस प्रकार यदि पति या पत्नी के परिवार में किसी में कोई शारीरिक या मानसिक कमी है या कोई दोष है, तो उसका ज़िक्र दूसरों के सामने नहीं करना चाहिए, बल्कि हो सके तो उस कमी को दूर करने का प्रयास करें।
- यदि पत्नी या पति से कोई गलती हो जाए तो उसे स्वीकार करने में कोई

हिचक नहीं होनी चाहिए। उसे छिपाने के चक्कर में और अधिक गलतियां होती जाएंगी, जिससे आप झूठ पर झूठ बोलते जाएंगे। बस, फिर न खत्म होने वाले झूठ का सिलसिला शुरू हो जाएगा।

- गलती हो जाने पर बहस करने से क्रोध की स्थिति उत्पन्न होती है। यह समझना चाहिए कि गलती इनसान से ही होती है। भूल को स्वीकार करने में ही महानता है। इससे आपसी विश्वास बढ़ता है।
- एक-दूसरे की ग़लती को माफ़ करना सीखना चाहिए। यह नहीं होना चाहिए कि पति या पत्नी से ग़लती हो गई, तो कई दिनों तक बातचीत ही न हो या दूसरा पक्ष बार-बार नाराज़गी ही प्रकट करता रहे। यदि एक पक्ष नाराज भी हो, तो दूसरे को बिना इंतजार किए अपने साथी को मना लेना चाहिए। नाराज़गी जितनी लंबी खिंचेगी, उतना ही मन-मुटाव बढ़ेगा, जो साहचर्य को बाधक होगा।
- पत्नी को चाहिए कि पति की परेशानियों को अपनी समझे और उन्हें दूर करने का प्रयास करे। उसके हर कार्य में सहयोग दे। जिस प्रकार पति अपना प्यार अपनी पत्नी से बांटता है, उसी प्रकार अपनी परेशानियां भी केवल पत्नी से ही बांटना चाहता है। पत्नी को चाहिए कि पति की परेशानी को जानने का प्रयास करे। अक्सर पुरुष अपनी परेशानी छिपाते हैं और बताना नहीं चाहते, परंतु समझदार पत्नी वही है, जो पति की सच्ची राज़दार बनकर उसकी परेशानियां भी जान सके।
- पति को जहां तक हो सके पत्नी के तनाव व घर की परेशानियों को समझना चाहिए। यदि आर्थिक तंगी है, तो पत्नी को इसकी सही जानकारी दी जाए। यदि पति अपनी आर्थिक तंगी का सही जिक्र करेगा, तो पत्नी अपने पति के साथ सहयोग करेगी व खर्चों में कटौती करेगी।
- यदि संभव हो, तो पत्नी के छोटे-मोटे कार्यों में पति को हाथ बंटाना चाहिए। बच्चों को पढ़ाना, स्कूल या बस तक छोड़ना, उन्हें तैयार करना जैसे कार्यों में वह पत्नी को आसानी से सहयोग दे सकता है।
- एक उत्तम पत्नी को अपने पति व बच्चों की रुचियों तथा आवश्यकताओं की पूरी जानकारी होनी चाहिए और उन्हें पूरा करने की क्षमता भी उसमें मौजूद हो।

- पति या पत्नी के मन में एक-दूसरे के प्रति किसी प्रकार का शक हो, तो समय देखकर खुलकर बात कर लेनी चाहिए, ताकि बात बढ़ने से पहले ही साफ हो जाए।
- पति-पत्नी में या घर के किसी अन्य सदस्य से आपसी मतभेद के कारण किसी प्रकार मनमुटाव हो जाए, तो जहां तक हो सके, उसे शीघ्र ही दूर करने का प्रयास करना चाहिए। मनमुटाव में एक अत्यन्त महत्वपूर्ण बात यह ध्यान रखनी जरूरी है कि तनाव की खबर किसी बाहरी व्यक्ति को न हो। घर की चाहरदीवारी से बाहर निकली बात जल्दी ही बतंगड़ बन जाती है।
- आपसी तनाव के बारे में पति को अपनी मां-बाप या भाई-बहनों से जिक्र नहीं करना चाहिए। जहां तक हो सके, बात को आपस में ही सुलझाने का प्रयास करें। कोई भी तीसरा व्यक्ति, चाहे वह मां-बाप ही क्यों न हों, से मदद लेने से स्वतंत्र निर्णय लेने की क्षमता विकसित नहीं हो पाएगी, जबकि असली समस्या को केवल वे ही समझा सकते हैं, कोई अन्य नहीं।
- इसी प्रकार पत्नी को भी छोटी-छोटी बातों का जिक्र अपने मां-बाप से नहीं करना चाहिए। वास्तव में यह तरीक़ा दांपत्य जीवन के लिए घातक है, क्योंकि इस तरह मायके वाले अपनी सलाह देना शुरू कर देते हैं और उनकी दखलअंदाजी इतनी बढ़ जाती है कि पति शर्मिंदगी महसूस करने लगता है।
- पति-पत्नी को आपस में सोच-समझकर ही बातें करनी चाहिए। यह नहीं कि जो बात मुंह में आए या मन में उठे, तुरंत बोल दें, फिर चाहे बाद में पछताना पड़े।
- आपसी रिश्तों में किसी बात को प्रतिष्ठा का प्रश्न नहीं बनाना चाहिए। ऐसा करने से आपसी समझ कम होती है व महत्ता भी कमजोर पड़ जाती है।
- पति को खुश रखने के लिए कभी-कभी दिनचर्या में या भोजन में बदलाव लाना चाहिए। इससे पत्नी की प्रतिभा तो चमकती ही है, सभी परिवार वालों का दिल भी खुश होता है। यदि पत्नी घर में किसी के जन्म-दिन पर या किसी छुट्टी के दिन नए-नए व्यंजन बनाकर खिलाए, तो अवश्य ही पति का मन प्रसन्न होगा।

- पति अपनी पत्नी को प्रसन्न रखने के लिए 'सरप्राइज गिफ्ट' लाकर दे सकता है। इससे उसका उत्साह दोगूना हो जाता है। स्वयं खुश होने पर वह सबको खुश रखने का प्रयास करती है।
- यदि किसी बात पर पति ज़िद कर रहा हो या उसकी कोई ऐसी आदत हो, जिसे वह बदलना नहीं चाहता हो, तो पत्नी को उसे बदलने की ज़िद छोड़ देनी चाहिए और समझौता करके उसी रूप में स्वीकार कर लेना चाहिए। समझौता कर लेने से दांपत्य में दरार नहीं आती।
- घर में पति के अतिरिक्त उसके परिवार वालों का भी खूब ध्यान रखना चाहिए। इससे पति खुश रहता है और उसका हर क्षेत्र में पूर्ण सहयोग मिलता है।

इस प्रकार एक-दूसरे से सहयोग करके व पारस्परिक भावनाओं का ख्याल रखकर पति-पत्नी आपसी समझदारी बढ़ा सकते हैं और जीवनपर्यन्त सुखी रह सकते हैं।

23 दाम्पत्य में तनाव से बचें

अक्सर तनाव का कारण एक साथ बहुत सारे कार्य करना नहीं, बल्कि एक साथ बहुत सारें कार्य करने की कोशिश करना है। काम पूरा न होने पर अधूरे पड़े कामों का मन पर बोझ बना रहता है। दूसरी तरफ प्राथमिकतानुसार एक-एक कर के काम निबटाते चले जाने से उतने कार्यों की सामाप्ति के कारण मन में संतुष्टि होती है, जिससे,व्यक्ति में स्फूर्ति तथा कार्य करने की क्षमता बढ़ती है, वह अधिक रचनात्मक हो जाता हैं अतः 'कहां से शुरू करूं?' जैसी असमंजस की स्थिति में न पड़ कर किसी एक कार्य को लेकर निबटाना शुरू कर दीजिए। ऐसा करने से आगे के लिए रास्ता ठीक उसी तरह खुलता चला जाता है, जैसे ऊन कितनी भी उलझी हुई क्यों न हो, एक सिरा पकड़कर गोला बनाना शुरू कर देने से सुलझती चली जाती है। बड़े तथा कठिन कार्य को छोटे-छोटे आसान कार्यों में विभक्त करके सरलता से निबटाया जा सकता है।

प्राथमिकताएं निर्धारित करें

पति-पत्नी दोनों को आपसी सहमति से कार्यों की प्राथमिकताएं निर्धारित कर लेनी चाहिए। अधिकतर दम्पती व्यवसाय संबंधी जिम्मेदारियों को प्राथमिकता देते हैं, किन्तु इनके साथ ही साथ एक-दूजे की परेशानियों को समझना भी बहुत महत्वपूर्ण है। जैसे-आपने मित्रों के साथ कोई प्रोग्राम बनाया है और पत्नी को अचानक दफ़्तर में अतिरिक्त कार्य आ पड़ा है, ऐसे में बच्चों के पास रूकने के उनके अनुरोध को मान लेना चाहिए। हां, कार्यक्रम में परिवर्तन का कारण साथियों को रूपष्ट रूप से बता देना आवश्यक है। 'तुम अपना प्रोग्राम रद्द कर दो, मुझे दफ्तर में भी काम करना है' जैसे आवेशात्मक रवैये से सिर्फ क्रोध उपजता हैं 'मेरा काम अधिक महत्वपूर्ण है'या' मै क्या काम नहीं करता' जैसे विवादों में उलझन से बचें। इससे सिर्फ तनाव बढ़ता है, समस्या नहीं सुलझती।

पूर्णतावादी बनने की चेष्टा न करें

महत्वपूर्ण कार्यों को अधिक समय दें तथा कम महत्वपूर्ण कार्यों में अधिक देर तक उलझी रहकर समय और शक्ति का अपव्यय न करें। सभी कार्यों को पूर्ण कुशलता

से करने की कोशिश में आपकी शक्ति चूक जाती है और मन तनावग्रस्त रहता है।

सहायता लीजिए

घर-बाहर सब जगह सबको सामर्थ्य अनुसार कार्य बांट दें। अपनी क्षमता, महत्ता दिखाने या किसी के द्वारा आलोचना किए जाने के भय से सभी कार्यों का बोझ अपने सिर पर लाद देना उचित नहीं। बजट के अनुमति देने पर नौकर आदि रख लें। जरूरत पड़ने पर मित्रों से भी मदद ली जा सकती है। सहायता मांगने तथा करने से संबंधों में घनिष्ठता बढ़ती है तथा बोझ भी कम होता है।

विश्राम भी करें

अत्यन्त व्यस्त होने पर भी अपने प्रति न्याय करें। आपके लिए पौष्टिक आहार, व्यायाम तथा नींद (पर्याप्त मात्रा में) अत्यन्त आवश्यक है। अतः कार्यों के बीच-बीच में विश्राम का भी समय निकालें। सप्ताह में एक दिन अपेक्षाकृत खाली रखें, जिससे उसमें आप अपना मनचाहा कार्य कर सकें। इससे नई स्फूर्ति आती है और कार्यक्षमता बढ़ती है।

अंतरंगता के लिए समय निकालिए

कामकाजी दम्पत्तियों में बातचीत न के बराबर होती है और होती भी है तो वह भी बच्चों तथा कार्य सम्बन्धी। फलस्वरूप उनमें भावनात्मक दूरी बढ़ने लगती है। आपको घर में जो समय मिलता है, उसमें घर के नीरस कार्यों में ही उलझी न रहें, कुछ समय आप दोनों इकट्ठा व्यतीत करें। प्रश्न यह नहीं है कि आपने क्या किया। मकसद है कि आपने जो भी किया, साथ-साथ किया। आपसी बातचीत को बढ़ावा दें, इससे भी रोजमर्रा के तनाव से मुक्ति मिलती है।

पसंदीदा बातों की सूची बना लें

आपकी सूची की पसंदीदा बातें हो सकती हैं - अपने किसी प्रिय से फोन पर बात करना, कोई प्रिय पुस्तक पढ़ना, वर्ग पहेली हल करना, आदि। जब कभी आप तनाव से घिरने लगें, बोरियत बढ़ने लगे, तब इस सूची में से कुछ भी कर लीजिए।

कभी-कभी सुखद आश्चर्यों से चौंका दें

जी हां, बंधी-बंधायी एक ढर्रे पर चलती हुई जिन्दगी में ऐसे सरप्राइज रंग भर देते हैं। इसमें आप कुछ भी कर सकते हैं - दफ्तर से कभी घर जल्दी आ जाना, किसी रेस्तरां में ले जाना आदि-आदि। याद रखिए आपके साथी ने भी आपकी तरह व्यस्तता पूर्ण परेशानी से भरा दिन बिताया है। ऐसे अनमोल क्षण एक-दूसरे को देने में कंजूसी न करें।

व्यायाम कीजिए

'जर्नल ऑफ पर्सनालिटी एण्ड सोशल साइकॉलोजी' के अनुसंधानकर्ता इस निष्कर्ष पर पहुंचे हैं कि व्यायाम तनाव एवं मानसिक अवसाद की अचूक दवा है। तनाव से मुक्ति हेतु सेक्स के लिए भी योजना बनाएं।

प्यार को बनाने के लिए

- *अपने जीवन-साथी को वैसे ही स्वीकारें, जैसा वह हैं। उसमें किसी आदर्श को न तो ढूंढ़ें, न थोपने का प्रयासकरें। उसके गुण, दोषों सहित, उसे प्यार करें और अपनायें।*
- *एक-दूसरे की भावनाओं को समझकर ही व्यवहार करें। ऐसा करने मे थोड़ा बहुत त्याग करना होगा और किन्हीं मुद्दों पर समझौता भी। जो पति-पत्नी सही ढंग से तालमेल बैठा लेते हैं, वही आजीवन साहचर्य का सच्चा सुख भोगते हैं।*
- *सच्चे प्यार का आधार है सम्मान। एक-दूसरे की कमियों को स्वीकारना तो पहला सिद्धान्त है ही, लेकिन इसके साथ ही एक-दूसरे की अच्छाइयों, उपलब्धियों और प्रयासों का सम्मान करना भी सीखें। कभी कोई बात बुरी भी लगे और और टोकना चाहें तो एकांत में टोकें।*
- *आपस में काई दुराव-छिपाव न रखें। बात अशोभनीय या अपमानजनक लगे, उसे व्यक्त अवश्य करें। गूंगी गुड़िया बन कर न रहें। आपके ऐसे व्यवहार से न तो आपके पति सुखी होंगे ओर न न ही आप।*

- विवाह एक पवित्र बंधन व एक पवित्र साझेदारी है। इसकी पवित्रता को हलका न करें। वैवाहिक संबंधों की गरिमा बनाए रखने में ही दोनों की भलाई हैं।

उक्त व्यावहारिक एवं उपयोगी बातों की शिक्षा विवाह के पूर्व ही मिलनी चाहिए। अभिभावकों को चाहिए कि विवाह के पूर्व युवक-युवतियों को सरल भाषा में सुखी वैवाहिक जीवन के इन तथ्यों की जानकारी अवश्य दें।

सुखी दाम्तत्य का आधार, केवल रोमांस नहीं होता, बल्कि परिपक्व और गहन स्नेह ही होता है।

24 विवाह को सफल बनाएं

विवाह का सफल होना, नौकरी या व्यवसाय में सफल होने की अपेक्षा अधिक महत्वपूर्ण है।

एक पत्नी को ज्यादा संपूर्ण इंसान होने के नाते परिवार की खुशी के अपने लक्ष्य को प्राप्त करने के लिए ६० प्रतिशत काम करना चाहिए। परिवार के सभी सदस्यों और दोस्तों के जन्मदिन और वर्षगांठों को अपनी डायरी या कैलेन्डर में नोट करें। एक अच्छी सूत्रधार बनें। उनकी सेक्रेटरी बनें और 'क्या सीन है' की परिस्थिति बनाने की बजाय इकट्ठे इसका आनंद लें।

थोड़े-थोड़े समय बाद पति और पत्नियां अलग-अलग विषयों पर अलग-अलग ढंग से सोचते हैं - यह सत्य है। जब वे अलग-अलग मार्गों पर होते हैं तो सब कुछ बहुत मुश्किल हो जाता है। यदि वे अलग-अलग दिशाओं में जा रहे होते हैं तो असंभव स्थिति उत्पन्न हो जाती हैं। इस सबको बंद करें। अपने अहंकार को खत्म करें और उनके साथ-साथ उनकी दिशा में चलें-अंत में आपको इससे कभी कोई हानि नहीं होगी।

जब आपके पति वापिस घर आते हैं

जब आपके पति वापिस घर आते हैं, तो अपनी स्वयं की खुशी के लिए कटाक्ष भरे वाक्य न बोलें। इस समय अपने होठों पर मुस्कुराहट के साथ अपनी आंखों में चमक (आप अपने आंसू दूसरी आंख में छिपा सकती हैं) अपने दिल में इस शुक्रिया के साथ, (कि आपके पति घर लौट आए हैं) उनका स्वागत करने से महत्वपूर्ण बात कोई और नहीं होती। एक बड़ी लड़की की तरफ समझदारी से काम लें और छोटी-छोटी समस्याएं उनको बताने की बजाय स्वयं उनका समाधान करें।

एक अच्छी पत्नी वह है जो 'मच्छर' (छोटी-छोटी समस्याएं) स्वयं मारती हैं और अपने पति को केवल शेर (वास्तव में बड़ी समस्याएं) मारने के लिए कहती है। वह भी तब, जब वे पूरी तरह आराम कर चुके हों।

यह नियम बना लें कि अपने पति के घर आने के पहले मिनट तक उन्हें कोई

दुःखभरी बात न बताएं। ऐसा करने से कोई आसमान नहीं टूट पड़ेगा। कैकेयी और उर्मिला का स्मरण कीजिए- आप क्या बनना पसंद करेंगी?

यदि आपके पति समस्या पैदा करने वाले हैं

समस्या पैदा करने वाले पति..... ऐसे पति बहुत बड़ी संख्या में हैं इसका एक अच्छा तरीका यह है कि आप अपनी समझदार मित्रों से एक-एक करके इस बारे में बात करें और समस्याओं की शिकायत करने की जगह उनके बेहतर समाधान निकालें। अपने पति को सुधारने की बात सोचते समय इस सूफी कहानी का स्मरण करें।

एक गलीचों का व्यापारी था। उसने देखा कि उसके ड्राइंग-रूम का गलीचा एक स्थान पर कुछ उभरा हुआ है। वह बहुत हैरान हुआ और प्रतिक्रिया स्वरूप वह उस उभार पर कूदा, उभार गायब हो गया। वह बहुत खुश हुआ, लेकिन थोड़ी ही देर में दूसरी जगह पर वैसा ही उभार दिखाई देने लगा। वह इस उभार पर भी बार-बार कूदता रहा। उभार गायब होता रहा और वैसा ही उभार दिखाई देता रहे। फिर एकदम उसने गलीचे को लपेटना शुरू किया तो उसके नीचे से एक गुस्से से भरा सांप बाहर निकला।

हो सकता है कि आप अपने पति के दृष्टिकोण और व्यवहार से हैरान-परेशान हों। आप पारंपरिक समाधानों, जैसे-कटाक्ष करना, क्रोधित होना, परेशान करना, चिल्लाना, झगड़ना, आदि का उपयोग कर रही हों। इससे आपके पति सांप बन जाते हैं। आप उन पर दबाव डालना जारी रखती है और वे गायब होते और दिखाई देते रहते हैं। यह कोई तरीका नहीं है।

आप दूसरों को दोषी ठहराना शुरू कर देती हैं। इसमें उनकी मां को शामिल कर देती हैं कि उन्होंने अपने बेटे को गलत ढंग से ऊँचा उठाया है। तथ्य यह है कि इसके लिए कोई अन्य बाहरी व्यक्ति जिम्मेदार नहीं है। यह आप दोनों (आप और आपके पति) ही हैं जिन्होंने समस्या पैदा की है। केवल आप दोनों ही इसे हल कर सकते हैं।

छोटी-छोटी बातें जो दूर तक जाती हैं

अपने ससुर के लिए सुबह पहले गर्म चाय का प्याला बिना शक्कर और ज्यादा दूध वाला जैसा कि वह पसंद करते हैं, बनाना बहुत मामूली चीज है। लेकिन यदि आप चाय लगन व मुस्कुराहट के साथ दें तो आप उनका दिन प्रसन्न मुद्रा से आरम्भ करवा सकती हैं। यह बहुत बड़ी बात होगी।

पति को श्रवण कुमार का पात्र अदा करने दें

सदियों से हर आदमी अपने माता-पिता के पति श्रवण कुमार का पात्र अदा करना चाहता है। यदि आपके पति भी यह करना चाहते हैं तो उनको अपनी हार्दिक इच्छा पूरी करने दें। एक खुश बेटा अच्छा पति और अच्छा पिता होता है। समस्याएं तब पैदा होती हैं, जब उसे उससे अच्छा बेटा बनने से वंचित किया जाता है या वह यह महसूस करता है कि उसकी पत्नी उसको श्रवण कुमार नहीं बनने दे रही है। यदि वह समझदार होगा, वह महसूस करेगा कि वह जरूरत से ज्यादा श्रवण कुमार है और उसके माता-पिता भी अंततः यह महसूस करेंगे।

अपने पति के प्रति अवांछनीय या कर्कश टिप्पणियां इस बारे में न कहें कि वह अपने माता-पिता का 'बोझा' अपने कंधों पर उठाए है। इन छोटे-छोटे गड्ढो से आप अपने विवाहित जीवन की कब्र खोद रही हैं।

इन सबका एक अच्छा प्रभाव यह होगा कि जब आपके पुत्र व पुत्रियां पिता को अपने माता-पिता की देखभाल करते रहेंगे, तो जब आपका समय आएगा तो वे भी वैसा ही करेंगे।

सेक्स को तराशती हैं मीठी-मीठी हरकतें

वास्तव में सेक्स को मीठी-मीठी हरकतें ही तराशती हैं। इनके अभाव में ही पति-पत्नी सेक्स के परामानंद को ठीक से महसूस नहीं कर पाते हैं और एक-दूसरे को भरपूर सहयोग देने के बावजूद अतृप्ति की ही अनुभूति करते हैं। जीवन साथी के शरीर, बाल, होठ, गाल आदि ऐसे ही कोमल और अंगो से खेलना सहवास-सुख के आनंद में और वृद्धि ही करता है। गुमसुम और गुपचुप मुद्रा में किया गया सेक्स संतोषजनक नहीं होता है।

कोई भी चीज तराशने व सजाने के बाद ही आंखें व मन को भाती है। सेक्स भी एक ऐसी ही चीज है। सामान्य अवस्था में सेक्स को सम्पन्न तो आप कर सकते हैं, किन्तु उसे वह अंदाज नहीं दे सकते हैं, जिसकी उम्मीद आपको यौन सम्बन्धों के समय होती है। सेक्स के दिलचस्प एवं जादुई अदा तभी मिल सकती है जब पति-पत्नी एक दूसरों की हरकतों को भी महत्व दें। ऐसे क्षणों में तो एतराज या बुरा मानने की कोई गुजांइश ही नहीं होती है।

सैक्स को सजाना-संवारना सिर्फ पति का ही कर्तव्य नहीं होता है बल्कि पत्नी का भी कर्तव्य बनता है कि वह अपनी मीठी-मीठी हरकतों से पति में नया जोश और उत्साह भरे, जिससे वह पत्नी को एक नये सिरे से पा सके। जोशीली बातें, उत्तेजक चुटकुले और आंखों में आंखे डालकर हंसने से भी सेक्स में निखार आता है, इससे तो परहेज करने की जरूरत ही नहीं है। कुछ स्त्रियां सहवास के पूर्व ही यह हिदायत दे डालती हैं कि देखना मेरा बाल या मेकअप खराब न होने पाए। भला यह भी कोई बात हुई। सेक्स किसी भी तरह का बंधन स्वीकार नहीं करता है, इसे तो खुला आमंत्रण चाहिए। अपने पति को ऐसी ऊलजलूल शर्तों या बंधनों में न बांधें। सजना-संवरना तो एक-दूसरे के लिए ही होता है और इसमें ही सेक्स छुपा होता है। जो सिर्फ मीठी-मीठी हरकतों से ही उभर कर सामने आता है। अपने यौवन-जीवन को खुला आकाश दीजिए। यहां खुले आकाश से मतलब खुलेपन से है और सम्बन्धों में खुलापन वहीं होता है, जहां किसी भी तरह की रोकटोक नहीं होती है। सेक्स तराशने, सजाने, संवारने और निखारने की चीज है और इसके लिए बंधन मुक्त एवं सहज हरकतों की जरूरत होती है। आप इन बातों को समझिए और सेक्स को सरस एवं जायकेदार बनाइए।

एक दूसरे को समझें

हर व्यक्ति की अपनी प्रकृति और उसके अनुरूप उसकी जरूरतें होती हैं। ठीक इसी तरह किसी को समझने के सबके अपने तरीके हैं। फिर भी कुछ नियम ऐसे हैं, जो सब पर लागू होते हैं। इन पर अमल करते हुए आप अपने साथी पर प्रभाव डाल सकती हैं। यह प्रभाव उसे आपसे और अधिक खुलने के लिए प्रेरित करेगा। धीरे-धीरे आप उसे पूरी तरह समझ जाएंगी।

जरूरतों की पहचान

मनोवैज्ञानिकों के अनुसार पुरुष और स्त्री दोनों की अपनी-अपनी सामर्थ्य और अपनी-अपनी कमजोरियां हैं। जिन मामलों में वे कमजोर होते हैं वहां अपने साथी से संबल लेकर खुद को मजबूत करते हैं। कोमल हृदय और संवेदनशील होने के कारण स्त्री स्वयं को अक्सर असुरक्षित महसूस करती है। इसलिए पुरुष के नजदीक आकर वह सुरक्षा का अहसास चाहती है। ठीक इसी तरह पुरुष दुनियादारी के संघर्षों में उलझा रहने के कारण कई बार स्वयं को टूटा हुआ महसूस करता है। इसलिए स्त्री से वह

हमदर्दी और हौसला चाहता है। वह उसके भीतर अपने प्रति विश्वास देखना चाहता है। पुरुष चाहता है कि वह जैसा भी है उसकी पत्नी उसे उसी रूप में स्वीकार करे।

संवाद कायम करें

किसी व्यक्ति को समझने के लिए सबसे जरूरी है उसके साथ संवाद कायम करना। इसके लिए जरूरी है कि अपनी व्यस्त दिनचर्या में से नियमित रूप से थोड़ा समय सिर्फ एक-दूसरे के लिए निकालें। अंतरंग क्षणों में घर-दफ्तर की दिक्कतों को शामिल न करें। अगर पति-पत्नी एक-दूसरे से खुलकर बात करें, अपनी दिक्कतें और चाहतें बेझिझक बताएं तो एक दूसरे को समझना आसान होगा। यही नहीं, यदि कभी किसी की कोई बात बुरी लग जाए तो भी खुलकर बात की जानी चाहिए। इससे बिना किसी हील-हुज्जत के सुलह हो जाती है।

ईमानदारी बरतें

बातचीत के दौरान ईमानदारी सबसे महत्वपूर्ण है। एक-दूसरे से अपने मन की बात कहते हुए पूरी तरह ईमानदार हुए बिना न तो किसी को समझा जा सकता है और न ही उसे अपनी इच्छाएं और दिक्कतें समझाई जा सकती हैं। दाम्पत्य सम्बन्धों के मामले में यह बात बेहद महत्वपूर्ण है। दोनों एक-दूसरे को ठीक से समझ सकें, इसके लिए जरूरी है कि वे एक-दूसरे के सामने हर तरह के भय और संकोच से मुक्त होकर अपनी बात रखें। किसी की कमियां गिनाते समय याद रखें कि कोई भी शख्स केवल दोषों का ही पुतला नहीं होता। उसमें कुछ गुण भी हैं। उन्हीं गुणों के कारण वह दुनिया में टिका है और आप भी उससे जुड़ी हैं। लिहाजा उसकी उन खूबियों की भी चर्चा जरूर करें जो आपको आकर्षित करती हैं। इससे उसे अपने उन गुणों को और विकसित करने की प्रेरणा मिलती है।

पहले खुद बदलें

जब आप यह समझ जाएं कि आपका साथी आपसे क्या चाहता है तो उसकी जरूरत को पूरा करने में जहां तक हो सके कोई कसर न छोड़ें। एक-दूसरे की भावनाओं के प्रति सम्मान का यही सबसे अच्छा तरीका है। किसी को अपना बनाने का सबसे आसान और कारगर तरीका यह है कि खुद को उसके अनुरूप बदलने की पहल करें। यहाँ एक-दो रोजमर्रा के उदाहरणों से हम अपनी बात स्पष्ट करना चाहेंगे।

मसलन अगर आपकी पत्नी कामकाजी महिला है, तो यह बिल्कुल आवश्यक नहीं कि जब वह शाम को थक हार कर अपने आफिस से लौटे तो शाम को चाय भी वही तैयार करे। जरा सोचिए, आफिस से लौटकर जब तक वह बाथरूम से फ्रेश होकर निकले, तब तक आप उसके लिए एक कप गरमागरम चाय या कॉफी लेकर डाइनिंग टेबल पर मौजूद मिलें तो पत्नी के उल्लास में कितनी वृद्धि होगी। ठीक यही उदाहरण पत्नी के लिए भी उपयोगी है। मसलन शाम को पति के आफिस से लौटते ही अगर पत्नी द्वारा उसका स्वागत पहले किसी ठंडे या गर्म पेय पदार्थ से किया जाए तो पति को बहुत खुशी होगी। वास्तविक जीवन में होता यह है कि पति के घर में घुसते ही पत्नियां उसके देर से लौटने या कोई गिफ्ट लाना भूल जाने की शिकायत लेकर मुंह चढ़ा लेती हैं। जाहिर है कि इससे पति की झुंझलाहट बढ़ जाएगी। कई बार एक-दूसरे के मामलों में जरूरत से ज्यादा दखल देना भी कलह का कारण बन सकता है। इसलिए अपने साथी के निजी मामलों में उतना ही दखल दें, जितना वह खुशी से स्वीकार करता है। जहाँ तक हो उसे उसका टार्गेट हासिल करने में उसकी मदद करें, न कि बाधक बनें। अगर छोटी-छोटी बातों का ध्यान रखा जाए तो तय है कि दाम्पत्य जीवन की तमाम दिक्कतें अपने-आप सुलझ जाएंगी।

कुछ प्रमुख सूत्र

यह सही है कि विवाह के बाद प्रेमिका बने रहना कठिन है क्योंकि घर गृहस्थी की जिम्मेदारियां बढ़ जाती हैं और फिर बच्चों की सही परवरिश हो, यह ध्यान रखना भी जरूरी है पर इस बात का भी पूरा ध्यान रखें कि उस सबके चक्कर में कहीं आप पति की भावनाओं का निरादर तो नहीं कर रहीं। फिर यह तो वह समय होता है जब पत्नी अपनी परिपक्तवता का परिचय देते हुए अन्य कार्यों के साथ-साथ पति के लिए भी पर्याप्त समय निकाले, इसके लिए निम्न बातों का ध्यान रखना चाहिए :

- पति के आफिस लौटने पर खुद को घर के कार्यों में न उलझाए रखें।
- पति के लौटते ही शीघ्र रसोई में घुस कर चाय नाश्ते का इंतजाम करें। बल्कि पति के लौटने से कुछ समय पहले ही सब कुछ तैयार रखें, यदि चाय या काफी के ठंडे होने का डर हो तो फ्लास्क में रख सकती हैं।
- पासपड़ोस में घर में हुए झगड़ो की चर्चा न करती रहें।

- पति के आफिस से लौटने से पहले पत्नी का हल्का सा साज-श्रृंगार पति को आकर्षित करेगा।
- मेहमानों के लिए ही नहीं, पति के लिए भी घर सजाएं, पति के मनपसंद फूलों को फूलदान में सजाएं ताकि पति को लगे कि इस उम्र में भी उनकी पसंद का पूरा ख्याल रखती हैं।
- यह सही है कि आप पर बच्चों की जिम्मेदारियां बढ़ गई हैं परन्तु फिर भी कभी-कभी पति के साथ बाहर जाने का प्रोग्राम भी जरूर बनाएं।
- पति से हमेशा शापिंग आदि की फरमाइश न करें।
- यदि कभी पति का मूड घूमने फिरने या पिक्चर देखने का हो तो सोचने या हिचकिचाने की बजाय तैयार होने में तेजी दिखाएं।
- पति के मनपसंद व्यंजन बनाकर आप उन्हें चौका सकती हैं।
- पति के दोस्तों व रिश्तेदारों को पूरा सम्मान दें।
- पति के किसी दोस्त की ज्यादा तारीफ न करें, यह आपको महंगी पड़ सकती है।
- पति के आफिस व बास के बारे में कुछ बात अवश्य करें क्योंकि इससे आफिस के तनाव भरे माहौल में वह छुटकारा पा सकेंगे और साथ ही आप उनकी समस्याओं का हल भी सुझा सकेंगी।
- दूसरे मर्दों की तारीफ न करें।
- पति को उनकी कमजोरियां का बारबार एहसास न दिलाएं।
- हो सकता है कि इस उम्र में आप ज्यादा सजना संवरना न चाहें परंतु पति के लिए संवरना जरूरी है।
- सदा पति के सामने अपने बीमार होने का रोना न रोएं, बढ़ती उम्र में अपने शरीर को स्वस्थ्य रखकर जहां आप अपने परिवार को सहारा दे सकती हैं, वहीं पति की भी अच्छी तरह देखभाल कर सकती हैं।
- कभी-कभार अपनी बचत से पति को कोई तोहफा दे कर चौंका सकती हैं, आपके ऐसा करने पर पति को लगेगा कि आप उनका कितना ख्याल रखती हैं।

मन और सेक्स : स्त्री का पक्ष

सेक्स के मामले में स्त्री का पक्ष पुरूषों से बहुत अलग है। पुरूष के लिए सेक्स भोग है। वह अपनी इस भूख को खुबसूरत बना सकता है, पर वह भी स्त्री से सीख कर। स्त्री के लिए सेक्स ज्यादा मानसिक होता है। उसके लिए यह मन से जुड़ा मामला है। स्त्री में सेक्स इच्छा बहुत होती है, पर घर-बाहर के कामों और संबंधों के दबाव के कारण उसकी यह इच्छा दब जाती है। वह भावनात्मक रूप से मजबूत होने के कारण नियंत्रण नहीं रख पाता है। यदि पुरूष सेक्स के दौरान या सामान्य जीवन में बार-बार उसका अपमान करता है, उसका साथ नहीं देता है, तो स्त्री उसे सेक्स ना देकर सजा कर देती है। अपना तिरस्कार करने की सजा। ऐसा वह जानबूझकर नहीं करती, बल्कि यह बात उसके अवचेतन मन में होती है। वह शाम से ही भूमिका बांधने लगती है कि मैं बहुत थक गयी हूँ, मेरी तबीयत ठीक नहीं है, मेरा सिर दर्द हो रहा है, मेरे पेट में दर्द है, ताकि पुरूष सेक्स की मांग न कर सके। अगर स्त्री का सेक्स जीवन अच्छा चल रहा है, यानि उसे पुरूष आदर देता है, उसकी कद्र करता है, घर-बाहर के उसके कामों की सराहना होती है, उसकी खुशी का ख्याल रखा जाता है, स्त्री के मन में बच्चों के इम्तहानों, उनकी देखरेख की चिता नहीं है, संबंधों का बोझ नहीं है, तो वह अपने आपको सेक्स के लिए तैयार कर पाती है और एंजाय करती है।

मन और सेक्स : पुरूष का पक्ष

पुरूष को लगता है कि सेक्स पाना मेरा जन्मसिद्ध अधिकार है। मैं अवैध संबंध बनाने के लिए स्वतंत्र हूँ, इसलिए पत्नी के आपत्ति करने पर उसे घर से निकल जाने को कहता है। जब तक पति-पत्नी एक-दूसरे की इज्जत करना नहीं सीखेंगे, तब तक स्वस्थ्य सेक्स सम्बन्ध नहीं बन सकते। एक उदाहरण देखिए, पत्नि अपने पति से नफरत करती थी, क्योंकि पति ने बच्चा होने के तीसरे दिन टांके लगी हालत में उससे सेक्स संबंध बनाए थे। वहीं एक लड़की अपनी शादी के दो साल तक पति से संबंध नहीं बना पायी, क्योंकि उसके परिवार में चाचा, पिता, ताऊ बैठकर शराब पीते थे, फिर एक-दूसरे की बच्चियों से संबंध बनाते थे। आदमी की इमेज उसके मन में चकनाचूर हो गई थी। सेक्स से उसे घिन आती थी। मैंने उसे समझाया कि भले तुम्हारे पिता विकृतियों

से भरे थे, पर अपने पति की ओर देखो, जो सारी बातें जानने के बाद तुम्हें काउंसलिंग के लिए यहां लाते हैं और नयी जिदंगी शुरू करने की बात करते हैं। अच्छे पुरूष भी हैं, पर उनकी संख्या बहुत कंम है। जरूरी है कि स्त्री-पुरूष दोनों एक-दूसरे की खूबियों और कमियों को स्वीकारें और इज्जत दें। खासकर पुरूष स्त्री को अपने दोस्त, हमदम और सबसे पहले एक मनुष्य के रूप में देखे, स्वीकार करे। यदि ऐसा हो, तो शारीरिक सम्बन्ध क्या हर सम्बन्ध बहुत संगठित होगा।

25 अपनाएं ये अदाएं

आजीवन पति की जीवन-संगिनी बनी रहने पर भी, ग्वालियर की रानी मृगनयनी, शाहजहां की प्यारी बेगम नूरजहां और मांडू की रूपमती अपने पतियों को, नित नये रूप और अदाओं से हमेशा मोहित करती रही थीं। इतना पढ़ कर यदि आपके हृदय में भी हिलोर उठे कि 'काश, हम भी ऐसी ही इमेज पेश करें तो आजमायें इन अदाओं को :

चौंकायें : प्रतिदिन के जीवन में ताजगी भरने के लिए अपने परिधान और पहनावे में कभी-कभी नयापन लाएं! कभी सलवार-कमीज पहनें तो कभी चूड़ीदार और कभी जीन्स पहनें तो कभी स्कर्ट। बशर्ते कि आप अपने फिगर को सुडौल बनाये रखें। आपके बदलाव से पतिदेव चौककर कहेंगे जरूर, 'अरे, ये क्या पहना है ?"अरे, आज ये कैसा हेयर-स्टाइल ?" अरे, तुम तो ये रंग कभी पहनती ही न थी ! लेकिन आप डटी रहें, तनिक भी विचलित न हों और नये-नये प्रयोग करती रहें। प्रशंसा निश्चित रूप से मिलेगी, उन्हें कभी भी यह अंदाज न लगने दें कि अगले दिन आप उनके सामने कौन-सा रूप प्रस्तुत करने जा रही हैं।

नये-नये कामों और हॉबीज से उन्हें चौंकाना न भूलें। कभी पेटिंग शुरू कर दें तो कभी शेयर बाजार का अध्ययन, कभी सिरामिक्स पॉटरी पर हाथ साफ करें तो कभी बोनसाइ ट्राई करें।

खाने के मामले में भी नित नये प्रयोग करके उन्हें चौकाना कोई मुश्किल काम नहीं।

एक सायको थेरेपिस्ट के अनुसार, 'हर दिन नवीनता की चिनगारियां छोड़ें। एक रहस्यमयी स्त्री सदैव कल्पना-शक्ति का सहारा लेकर पति के जीवन को ताजगी से भर देती है। एक पत्नी किसी दिन पति की कार के स्टियरिंग पर एक खुबसूरत गुलाब टेप कर देती थी। दूसरी पत्नी किसी दिन अचानक नया सेंट लगाकर शाम को अपने 'उनका' स्वागत करती थी। एक तीसरी किसी शाम घर में ही कैंडल-लाइट डिनर का सरंजाम कर बैठती थी तो चौथी उनके मनपसंद क्रिकेट खिलाड़ी या लेखक पर कुछ नयी सामग्री

या उनकी नयी किताब का जुगाड़ कर देती थी। हजार तरीके हैं चौंकाने के और अपने 'उनका' दिल खुश करने के।

सब कुछ न बतायें

अति परिचय बोरियत का जन्मदाता होता है, इसलिए पहले ही दिन से घड़घड़ाकर अपना जीवन-वृत्तांत उन्हें सुनाने न बैठ जायें। दाम्पत्य के मामले में कम कहे को उत्तम कहा जाता है। अपनी आशा, आकांक्षाओं या योजनाओं का हर पहलू उनसे डिस्कस न करके, कुछ ऐसा भी पोशीदा रखें, जिसे जानने को वे सदैव उत्सुक रहें। साइको एनालिस्टों के अनुसार रहस्य ही रोमांस की मिठास है।

अपने मैं को जीवित रखें

दाम्पत्य का अर्थ यह नही कि स्वयं को पति के व्यक्तित्व में घोलकर रख दें। ऐसी पत्नियां, निर्जीव, निःसंग और निःस्पृह-सी होकर अर्थहीन हो जाती हैं। सौन्दर्य विशेषज्ञा शहनाज हुसैन एक अच्छी पत्नी भी हैं और रिकॉर्ड ब्रेकर हस्ती भी। हेमामालिनी पत्नी हैं, मां भी, और नृत्यांगना, नृत्य-रचनाकर्मी (कोरियोग्राफर) और फिल्म निर्मात्री भी। प्रसिद्ध वैज्ञानिक स्वर्गीय विक्रम साराभाई की सुप्रसिद्ध नृत्यांगना पत्नी, मृणालिनी साराभाई ने, नृत्य के माध्यम से अपने मैं को सदैव जीवित रखा। प्रसिद्ध शायर कैफी आज भी अभिनय से जुड़ी हैं और वही परम्परा उनकी विलक्षण बिटिया शबाना भी निभा रही हैं। पति जावेद साहब खुबसूरत नगमे रच रहे हैं तो शबाना खूबसूरत किरदारों को जीवंत कर रही हैं। 'साज' और 'मृत्युदंड' उनकी ताजातरीन चर्चित फिल्मे हैं।

पहले की बात करना तो व्यर्थ है, लेकिन आज वही पत्नी अधिक सुखी एवं सफल दिखायी पड़ती है जो 'हम' भी है और 'मैं' भी। आज का पति, पत्नी को अपने से अलग साफल्य शिखर पर चढ़ते देखकर भी बेहद प्रसन्न होता है और इसके लिए, आधुनिक पति को साधुवाद।

घर में शिष्टाचार बरतें

इस इश्यू पर अभी भी हमारे भारतीय पति नाक-भौं सिकोड़ते हैं, लेकिन हमारी दलील है कि जिस तरह आप अपने मित्र को बेहद प्यार करती हैं और उससे शिकवे-शिकायत नहीं करती, न उसे कोंचती है, न हर समय उलाहने देती है, तो पति

भी तो आपके सबसे प्यारे पार्टनर या मित्र ही हैं। फिर उनके सामने पड़ते ही आप भुनभुनाना, तेवर चढ़ाना क्यों शुरू करें ? अपने मृदु शिष्ट व्यवहार से प्रतिदिन उन्हें प्रसन्न रखना भी दाम्पत्य में रौनक लाता है। ऐसी पत्नी सदैव एक सुखद आश्चर्य-सी लगती है।

मुस्कान

एक सहृदय मुस्कान बड़ा जबरदस्त आकर्षण होती है। मुस्कान का इतना सकारात्मक प्रभाव होता है कि आपके मित्रगण या स्वयं पतिदेव ही हमेशा चकराते रहेंगे कि 'भई, ये हर समय इतनी खुश कैसे रह लेती है ?" विशेषज्ञों के अनुसार, मनोवैज्ञानिक स्तर पर एक स्वस्थ्य व्यक्ति हमेशा प्रसन्न रहने वाली स्त्री की ओर तेजी से आकर्षित होता है। मुस्कान का अभाव दर्शाता है कि या तो आप आत्मकेन्द्रित हैं या घमंडी।

आत्मविश्वास का प्रदर्शन

एक छलछलाती जीवंतता सदैव दूसरों के लिए कुतूहल एवं आकर्षण का बिन्दु होती है। यह आत्म-विश्वास दूसरों तक सीधा संदेश भेजता है कि आप सक्षम हैं। एडवेंचर की प्रवृत्ति एक स्त्री को बड़ा ही रहस्यमय और रूमानी बनाती है। अचानक किसी यात्रा या पिकनिक की योजना बनाना, घर की रंगाई-पुताई का काम शुरू करना, किसी नयी भाषा को सीखने का निश्चय करना - ये हैं तो छोटे काम, लेकिन हैं आपके आत्म-विश्वास के परिचायक।

और फिर प्यार की भाषा

हर दिन नये ढंग से स्नेहाभिव्यक्ति भी एक पत्नी को, पति की दृष्टि में, आजीवन आकर्षक बनाये रखती है। अपने व्यवहार से उन्हें यही समझायें कि आपके लिए वे कितने अमूल्य हैं, कितने प्रिय! इसके लिए न जाने कितने छोटे-मोटे नुस्खे अपनाती हैं, समझदार पत्नियां। स्वयं को आकर्षक बनाये रखना, उनकी पसंद-नापसंदगी का ध्यान रखना, किसी दिन अचानक वही उपहार देना जो वह वर्षों से चाह रहे थे। किसी दिन उन्हें घर के सब कामों से मुक्त करके आराम करने देना - ऐसी छोटी-छोटी बातें हैं जो उन्हें बहुत पसंद आयेंगी।

....तो, याद रहे - कौतुक जगाये रखें, रहस्यमयी बनी रहें - आपका दाम्पत्य सदाबहार रहेगा।

26 ससुराल में आपका व्यवहार

हम सब किसी न किसी के दामाद, बहू, ससुर, सास, ननद व देवर हैं। आंकड़ो के अनुसार हम न तो ज्यादा बुरे हैं न ही शैतान हैं और फिर ऐसा कोई नियम भी नही है कि सब ससुरालवाले निश्चित रूप से बुरे होते हैं।

तब अपने ससुरालवालों से इतना डर क्यों ? क्यों ससुरालवाले भद्दे मजाक का शिकार हैं ? क्यों पूरे देश में हर तरफ एक घरेलू नोंक-झोंक में उन्हें खलनायक की तरह प्रस्तुत किया जाता है ? हो सकता है काफी हद तक इसका कारण बॉलीवुड की प्रतिदिन दिखाई जाने वाली मसाला फिल्में हो, जिनमें सास द्वारा बहू की चोटी पकड़कर गुलाम की तरह काम करवाना दिखाया जाता है। बहू भी दो पात्रों में से एक है : पहली सती-सावित्री भारतीय नारी है, जो कि सब कुछ बिना किसी विरोध के सहती रहती है, या फिर साहसी व निर्लज्ज आधुनिक स्त्री की तरह, जो ससुरालवालों को बाहर धकेलकर पति को अंगुलियों पर नचाती है।

दोनों पात्र वास्तविक जीवन की सच्चाई से बहुत दूर हैं। ससुराल वाले भी और लोगों की तरह ही इन्सान हैं। भारत में यह स्थिति बहुत ही दयनीय है कि शादी से पहले ही लड़की की सोच में ससुरालवालों के प्रति विष भर दिया जाता है। शादी की पहली रात महिला संगीत में जाइए - वहां आप सभी महिलाओं को लड़की के ससुरालवालों के बारे में मनचले गीत गाते हुए सुन सकेंगे। मगल गीत, लोक कथाएं व हिन्दी फिल्म-संगीत यह सब जान लड़की को यह विश्वास करने पर मजबूर कर देते हैं कि उसके ससुराल वाले डर और नफरत के योग्य हैं।

यदि आप एक बहू के रूप में अपनी सास से रिश्तों को बनाने में कुछ अधिक मेहनत करेंगी तो आपके पति आपका ज्यादा सम्मान करेंगे।

याद रखिए, कोई आपसे यह आशा नहीं करता है कि आपको अपने ससुरावालों को सुधारना है लेकिन आप धैर्य व चतुराई के साथ कई छोटे-छोटे समझौते करके जिदंगी को आसान और खुशहाल बना सकते/सकती हैं।

ससुराल वालों की इज्जत करें

यह बहुत, बहुत मुश्किल है लेकिन मुझ पर विश्वास करें कि यह सबसे ज्यादा लाभदायक भी है। इसकी भरपूर कोशिश कीजिए और यह सोचकर कीजिए कि यह आप अपनी तरफ से ही कर रही हैं। साधारण भाग्य होने पर भी दिन में कम से कम आपको छह बार संतोषजनक शाबासी तो मिल ही जाएगी। अपने आपको ससुरालवालों के स्थान पर रखकर देखिए और फिर अपने व्यवहार का परीक्षण कीजिए। आप जितनी नम्र और अच्छी बन सके, वैसी बनिए।

परंतु जब आपको यह महसूस होने लगे कि ऐसा व्यवहार करने के द्वारा आप दया का पात्र बन गई हैं या फिर कमजोर हो गई हैं तो आप इस पर रोक लगा दीजिए।

अपने ससुरालवालों की इज्जत करना एक अच्छा गुण है जिसकी प्रेरणा आप अपनी बेटी को दे सकती हैं। यह गुण उसके साथ जीवन भर रहेगा। यह ही सबसे बेहतर दहेज है जो आप उसे दे सकती हैं।

अपने ससुर जी का आदर करें

भारतवर्ष में, शादी में यदि कोई खुल जा सिमसिम दरवाजा है, तो वह यही है-जब एक पत्नी अपने पति के पिता को समर्पित भाव से चाय पिलाती है। यह तभी संभव है जब वह अपने ससुर को भगवान मानने लगती है। सैकड़ों महिलाओं में से एक ही इस तरह काम कर सकती है, लेकिन हर पत्नी को कम से कम 'ध्रुव तारे' तक पहुंचने की कोशिश तो करनी चाहिए।

किसी अच्छे पति को जीवन की इस उदारता को अपना खजाना समझना चाहिए। 'क्या सीन है' जब वह अपनी पत्नी को ऐसा काम करते हुए देखता है। यह परम आनंददायक और आशीर्वाद देने की स्थिति होती है।

सास को खुश रखने के सुझाव

पति के अलावा नववधू के जीवन में उसकी सास की बड़ी महत्वपूर्ण भूमिका होती है। पति के साथ-साथ बहुओं को सास को भी खुश रखने के लिए प्रयत्न करना चाहिए क्योंकि घर में सास का सर्वोच्च स्थान होने के कारण उसका अपने

बेटे पर बहुत प्रभाव रहता है। सास को खुश रखने के लिए यहां हम कुछ सुझाव दे रहे हैं -

- नववधू को अपनी सास को सबसे अधिक सम्मान देना चाहिए और हर बात में सास की ही तरफदारी करनी चाहिए। यदि वह ऐसा करेगी तो सास खुश रहेगी।
- प्रतिदिन कुछ समय निकालकर बहू को अपनी सास के पास बैठाना चाहिए और इस प्रकार की बातें करनी चाहिए जैसे कि वह उससे कुछ सीखना चाहती हो। सास बहू इस प्रकार जब एक दूसरे को समझने लगेंगी तो गृहस्थ जीवन भरा-पूरा और खुशहाल होता जाएगा।
- यदि सास क्रोधी स्वभाव की या चिड़चिड़े मिजाज की हो तो बहू को उनसे जुबान चलाकर जवाब नहीं देना चाहिए। ऐसे अवसरों पर उसे चुप्पी साध लेनी चाहिए और सास से नम्रता से पेश आना चाहिए।
- रसोईघर की सफाई आदि के मामले में सास की आज्ञा का पालन करना बहुत जरूरी है। जो बहुएं सास की मर्जी के खिलाफ कोई काम करती हैं, वे अवश्य ही किसी विवाद को जन्म देती हैं।
- सास के शौक, रुचि को रुझान को भी नववधू को शीघ्र समझना चाहिए। यदि पूजा-पाठ करने वाली हैं। तो इस कार्य में सास की पूरी सहायता करनी चाहिए। उसके पूजा के सामान को बिना कहे ही साफ करके यथास्थान रख देना चाहिए।
- कोई भी कार्य करने से पहले सास से परामर्श अवश्य कर लेना चाहिए और जैसी उनकी इच्छा हो, उसी के अनुसार कार्य करना चाहिए।

27 मामला तलाक तक न पहुँचे

चोरी की आदत, झूठ बोलना, कामकाजी जीवन में वरिष्ठ अधिकारियों के अनुचित दबाव के कारण समर्पण की विवशता, पुरुष सहकर्मियां से मित्रता की इच्छा और मैत्री सम्बन्धों में विश्वासघात, अपनी हीनता प्रदर्शित करना और फिर इन्हीं हीनाताओं के कारण कमजोरियों का प्रदर्शन, परिवार के सदस्यों द्वारा ही अनुचित संबंधों की स्थापना, विवाह पूर्व सम्बन्धों के कारण पति-पत्नी के संबंधेां में टकराव, तनाव आदि ऐसे अनेक कारण हैं, जिन्हें भोगना तो पड़ता ही है। हां, यदि ऐसे संबंधों अथवा व्यवहारों को आप समय रहते छोड़ दें, अपनी गलतियों अथवा सोच में सम्मानजनक परिवर्तन कर लें, तो आपके दाम्पत्य जीवन में सुख, शांति ओर प्रेम आ सकते हैं। अतः दाम्पत्य जीवन की सरसता के लिए अपनी सोच को कुछ इस प्रकार से दिशा दें कि आपको आत्म-ग्लानि अथवा आत्महीनता का जीवन न जीना पड़े।

यदि आप से,अपनी पत्नी से अथवा परिवार के अन्य किसी युवा पुत्र-पुत्री से कभी कोई ऐसा अपराध अथवा व्यवहार हो जाता है, जो उसे हमेशा परेशान करता हे, तो ऐसे अपराध भाव से मुक्त होने के लिए अपनी सोच को व्यावहारिक बनाएं। ऐसी परेशानियों से बचने के लिए इन्हें फिर न दोहराने का दृढ़ संकल्प कर लें।

तलाक के बहुत से रास्ते विवाह पूर्व संबंधों के चौराहों पर से होकर जाते हैं। अतः इस विषय में आप बहुत सावधान रहें और बिल्कुल खुली सोच अपनाएं। प्रेरणा ने जब विवाह पूर्व संबंधों को होम कर ससुराल में कदम रखा, तो उसने पीछे मुड़ कर भी नहीं देखा। शांत और सुखी दाम्पत्य जीवन में उस दिन हलचल मच गई, जब अनुराग ने एक दिन अपने विवाह पूर्व संबंधों की दुहाई देते हुए प्रेरणा से 'प्यार' का मनुहार किया। प्रेरणा अपना बुरा समझती थी। दृढ़तापूर्वक तुरंत बोली, 'अनुराग मुझे तुमसे ऐसी आशा न थी। मैं और बजाज अब एक-दूसरे के साथ विश्वास की डोर से बंध कर दो शरीर एक आत्मा हो गए हैं। मैं अब उनके साथ विश्वासघात नहीं कर सकती और तुम्हें भी अपने इस विश्वास की कसम देकर कहती हूं कि मेरे वैवाहिक जिदंगी में कभी भी विष घोलने की कोशिश न करना। रहा मेरे तुम्हारे प्यार का सवाल....

तो प्रेम तो त्याग मांगता है, मैंने कर्तव्य की वेदी पर इस त्याग को सहा है...।''

प्रेरणा की दृढ़ता के सामने अनुराग पानी-पानी हो गया। आशय यह है कि दाम्पत्य जीवन में ऐसे अनेक व्यवहार, घटनाएं, हादसे हो जाते हैं जिन्हें पति-पत्नी बड़ी उदारता के साथ माफ करते हैं। एक-दूसरे को संभल जाने के अनेक अवसर प्रदान करते हैं। समय रहते संभल जाने की सोच ही समन्वय है। आखिर गलती किससे नहीं होती, मगर ठोकर खाकर जो सुधर जाता है, वही सच्चा मनुष्य है। अतः अपने साथी को संभालें। उसे संभलने का मौका दें। बीमार होने के बाद स्वस्थ होने में समय तो लगता ही है और इस बीच बीमार व्यक्ति को और अधिक सहारे की जरूरत भी पड़ती है। अतः आप चाहे पति हों अथवा पत्नी, इस विषय में हमेशा सकारात्मक सोच ही अपनाएं। इसलिए आपको चाहिए कि आप सदैव -

- आशावादी सोच अपनाएं।
- अपराधों को मन से स्वीकारने के अवसर दें।
- कमजोरियां जानें।
- अभावों को स्वीकारें।
- गलती को स्वीकारें।
- दुबारा गलती न करने का दृढ़ संकल्प करें और उसे दोहराएं नहीं।
- पत्नी अथवा पति को 'माफ' करने की सोच हमेशा मन में पालें।
- अप्रिय प्रसंगों, हादसों, घटनाओं को याद न करें। ये कडुवे अनुभव सुख-शांति के दुश्मन हैं।

साथ ही ध्यान रखें -

- गलती को छिपाने के लिए एक और गलती न करें।
- अभावों को अभिशाप न मानें।
- जानबूझ कर अनुचित समझौता न करें।

तलाक के दस प्रमुख कारण - एक जानकारी

भारत में भी तलाक के मामले बढ़ रहे हैं। दिल्ली में हुआ एक अध्ययन बताता है कि पिछले पांच वर्षों में हुई प्रत्येक पांच शादियों में से एक की परिणति तलाक में

हुई है। यही नहीं जहां पांच वर्ष पहले तलाक की पहल करने वाली महिलाओं की संख्या महज ३० फीसदी थी। वहीं आज यह दर बढ़ कर चालीस फीसदी हो चुकी है। इनमें कामकाजी महिलाओं की संख्या सवाधिक है। हालांकि तलाक के मामलों में नंबर एक स्थान मालदीव सरीखे छोटे से देश का है, जहाँ प्रति हजार शादियों में १०.७५ फीसदी की परिणति तलाक में होती है। खास बात यह है कि तलाक का प्रमुख आधार आर्थिक या विवाहेत्तर संबंध नहीं है। इस संदर्भ में नेशनल मैरिज गायडेंस ने जो कारण बताएं हैं वह आंखे खोलने वाले हैं। जरा गौर करें तलाक के दस मुख्य कारणों पर -

- संवादहीनता की स्थिति
- लगातार तर्क वितर्क
- पति पत्नी में अविश्वास
- यौन समस्याएं
- आर्थिक समस्याएं
- काम के प्रति अधिक समर्पण
- शारीरिक या शब्दिक उत्पीड़न
- बच्चे न हों या उनकीपरविश को लेकर
- अहंप्रधान मानसिकता
- नशे या जुए की लत

सर्वाधिक तलाक वाले देश

क्रम	देश	तलाक की दर (प्रति हजार पर)
१.	मालदीव	१०.७५
२.	क्यूबा	५.९५
३.	चीन	४.६३
४.	रूस	४.६०
५.	अमेरिका	४.५७
६.	बेलारूस	४.२६

७.	सूरीनाम	४.१५
८.	यूक्रेन	४.००
६.	एस्टोनिया	३.७४
१०.	लातिविया	३.२०

सबसे कम तलाक वाले देश

१.	ग्वांटेमाला	०.१५
२.	मेसीडोनिया	०.२७
३.	मैक्सिको	०.३५
४.	चिली	०.४६
५.	तुर्की	०.४६
६.	इटली	०.४८
७.	ईरान	०.५०
८.	लीबिया	०.५०
६.	एल सेल्वाडोर	०.५१
१०.	जमैका	०.५४

28 गृहलक्ष्मी बनाम दरिद्रता व नारी के आभूषण

किन-किन गुणों के कारण नारी गृहलक्ष्मी बन जाती है और किन-किन दुर्गुणों से वही नारी साक्षात् दरिद्रता बन जाती है, यह बात पुराने ग्रंथों में एक बड़ी रोचक गाथा द्वारा व्यक्त की गई है। हम उस कथा का संक्षिप्त अंश यहां उद्धृत करते हैं, जिससे पाठक और पाठिकाएं इसका मनन करके, अपने घर को लक्ष्मी का आवास बनाने में सफल हो सकें तथा दरिद्रता-दुर्बुद्धि की संभावित आपदाओं से बचने के लिए सावधान हो सकें।

दरिद्रता, लक्ष्मी की सगी बड़ी बहन है। पुराणों में वर्णन आता है कि जब समुद्र-मंथन से भगवती लक्ष्मी निकली और भगवान विष्णु के साथ उनका पणिग्रहण होने लगा तो लक्ष्मी जी ने कहा - "भगवान ! आप तो स्वयं शास्त्रमर्यादा के निर्माता हैं। जब तक मेरी बड़ी बहन दरिद्रा कुंवारी है, भला मुझ छोटी का विवाह कैसे हो सकता है ?"

"तुम्हारी बड़ी बहन भी है, यह तो अभी मालूम हुआ। क्या नाम है उसका, और अभी तक वह कुंवारी क्यों है ?" भगवान ने पूछा।

लक्ष्मी ने अपनी बड़ी बहन दरिद्रा का परिचय देते हुए कहा - "वर न मिलने के कारण ही अभी तक उसका विवाह न हो सका है।"

भगवान विष्णु आखिर दरिद्रा के लिए वर खोजने निकले, पर जहां जाकर चर्चा करते, वहीं 'दरिद्र' का नाम सुनकर ही सब ठिठक जाते। भगवान बड़े घूमे-फिरे, पर उस देवी के योग्य तथा उसे स्वीकार करने वाला नर उन्हें न मिल सका। अंत में उन्होंने उद्दालक मुनि के चरण पकड़े और प्रार्थना की कि अन्य किसी दृष्टि से न सही परोपकार के लिए ही सही, वे दरिद्रा से विवाह कर लें। उद्दालक सहमत हो गए। विवाह संपन्न हो गया, पर मुनि जब उसे परिणीता कर आश्रम को लौट रहते थे तो आश्रम के यज्ञ धूप की गंध से दरिद्रा कुछ व्याकुलता सा अनुभव करने लगी और ठिठककर खड़ी हो गई।

ऋषि के कारण पूछने पर दरिद्रा ने कहा - ''जहां ऐसे-ऐसे काम होते हों, वहां मैं नहीं रह सकती।''

उद्दालक मुनि ने पूछा - ''तुम कहां रह सकती हो और कहां नहीं रह सकती, इसका विस्तृत विवरण दो।''

दरिद्रता ने कहा - ''जहां नित्य प्रति झाड़ू-बुहारी लगती हो, गाय के गोबर से लेपन होता हो, घर के सब लोग सूर्योदय से पहले सोकर उठते हों, स्नान, संध्या, भजन आदि कर्म करते हों, पितरों के लिए स्वधाकार और देवताओं के लिए स्वाहाकार होता हो, जिस घर की स्त्रियां स्वचछ सुंदर वस्त्राभूषणों से अलंकृत, गौपूजन, तुलसीपूजन आदि कृत्य करती हों। घर के बालक, युवा और युवतियां गुरुजनों के आज्ञाकारी हों और उनकी सेवा में सदैव तत्पर रहते हों, जहां समय-समय पर व्रत, उपवास, स्नान, दान और यज्ञ हवनादि कृत्य किए जाते हैं। ऐसे घर में मैं प्रवेश कदापि नहीं कर सकती।

''किंतु, मैं ऐसे स्थान में सुखपूर्वक बसती हूं, जहां घर के लोग सूर्यचढ़ जाने पर भी खर्राटे की नींद ले रहे हों, जहां झाड़ू बुहारी न लगती हो, कभी गाय के गोबर का चौका न लगता हो, रात के जूठे बर्तन दोपहर तक और दोपहर के उच्छिष्ट बर्तन रात तक बिखरे पड़े रहते हों, मक्खी और मच्छरों की भिनभिनाहट से जो घर सदैव मुखरित रहता हो, जिस घर की स्त्रियां मैले-कुचैले वस्त्र पहनकर और रूखे बिखरे केशों वाली स्त्रियां एक-दूसरे से प्रातः सांय लड़ती-झगड़ती हों, वृद्धजन छोटे से डांट-डपट, मारपीट से पेश आते हों तथा छोटे गुरुजनों के आदेशों की अवहेलना करते हों।'' ऐसा कहकर दरिद्रता जिद करके अपने स्थान पर वापस आ गई।

इस कथा से प्रत्येक गृहस्थ नारी अपने कर्तव्य को सीख सकती है और अपने घर को सम्पन्न बनाने में सहयोग कर सकती है।

नारी के आभूषण

नारियां वस्तुतः आभूषणों से बहुत प्रेम करती हैं। हमारे शास्त्रों ने भी नारियों के लिए विविध प्रकार के रत्नाभूषणों आदि की व्यवस्था की है, पर प्रत्येक आभूषण के अंतर्गत एक गुण, संदेश छिपा है। प्रत्येक भारतीय नारी को चाहिए कि आभूषण धारण करने के साथ-साथ आभूषण के अंतर्गत निहित अर्थ संदेश को भी हृदयंगम करे, ताकि उस आभूषण का पहनना सार्थक हो सके।

मिस्सी : मिस अर्थात् बहाना बनाना छोड़ दें।

पान या मेंहदी - लाज की लाली बनाएं रखें।

काजल - शील का जल नयनों में रखें।

नथ : मन को नाथे अर्थात् नियंत्रित रखें, जिससे नाक ऊंची रहे।

बेंदी : बदी (बुराई) छोड़ दें।

टीका : ध्यान रखें, यश का ही टीका लगे - कलंक का नहीं

वंदनी : पति एवं गुरुजनों की वंदना करें।

पत्ती : अपनी तथा परिवार की पत (लाज) रखें।

कर्णफूल : कानों से दूसरों की प्रशंसा सुनें।

हंसली : हमेशा हंसमुख रहें।

मोहनमाला : सद्गुणों से सबका मन मोह लें।

कंठहार : पति के कंठ का हार बनें।

कड़े : किसी से कड़ी बात न बोलें।

छल्ले : किसी से छल न करें।

करघनी या कमरबंद : सत्कर्मों के लिए हमेशा कमर बांध कर तैयार रहें।

पायल : सभी बड़ी-बूढ़ों औरतों के पांव (चरण) स्पर्श करें।

क्रोध को शांत करने के दस सूत्र

- ऐसी कोई इच्छा ही न की जाए जिसकी पूर्ति न होने पर क्रोध आने की संभावना हो।
- भगवान में दृढ़ विश्वास रखना। जो होता है - भगवान की इच्छा से ही होता है, जो सर्वदा मंगलमयी है। मन में

  यह विश्वास रखना कि जो हो रहा है, मेरे लिए अच्छा ही हो रहा है।
- क्रोध आने पर हाथ, पैर, मुंह, आंख धोकर थोड़ा ठंडा जल तुरंत पीना चाहिए।

- मौन धारण करके मन-ही-मन राम नाम का जाप करना चाहिए।
- क्रोध आने पर किसी भी दूसरे काम में मन लगाने की चेष्टा करनी चाहिए, जिससे कि पहले की बात से ध्यान हट जाए।
- क्रोध आने पर भी मन ही मन दबाना एवं दूसरे पर प्रकट न होने देने की चेष्टा करना और प्रकट होने पर पश्चाताप करना चाहिए।
- क्रोध आने पर उपवास द्वारा प्रायश्चित करना एवं पहले से अधिक माला का जाप करना एवं भगवान के दर्शन करने चाहिए।
- प्रातःकाल उठते ही मन में निश्चय करना चाहिए कि मैं आज किसी भी परिस्थिति में किसी पर क्रोध नहीं करूंगा तथा रोज की घटना को लिखकर स्वयं मनन करना चाहिए कि क्रोध क्यों आया ? अधिकतर क्रोध बेकार की बातों पर ही आया करता है। स्वयं मनन करने पर आप भी जान जाएंगे।
- प्रत्येक मानव को भगवान का रूप समझना चाहिए, जिससे क्रोध आने की संभावना क्षीण हो जाएगी।
- जिस पर क्रोध आ जाए, उसके सामने बड़ी नम्रता से सच्चे मन से क्षमा मांगनी चाहिए।

29 परिवार का बजट

बजट का पारिवारिक जीवन में बड़ा महत्व है। यह परिवार की आर्थिक स्थिति का दर्पण है। एक ओर यह परिवार की आर्थिक स्थिति को संतुलित करता है, दूसरी ओर समाज व देश की आर्थिक स्थिति का विश्लेषण भी करता है। अतः बजट की उपयोगिता को ध्यान में रखकर गृहिणी को अपने घर की आय तथा व्यय पर नियंत्रण रखना चाहिए।

बजट की उपयोगिता

बजट बनाने से गृहिणी अपनी आय-व्यय का संतुलन करना सीख जाती है। पर्याप्त धन न होने पर भी महत्वपूर्ण आवश्यकताएं पूर्ण हो जाती हैं। अतः गृहिणी को बजट बनाने से निम्न प्रकार के लाभ होते हैं -

व्यय पर नियंत्रण - बजट बनाने से व्यय पर नियंत्रण करना सरल हो जाता है, जो परिवार का मुख्य उद्द्देश्य होता है। आय, व्यय का संतुलन ठीक रहता है जिससे कर्ज की स्थिति नहीं आने पाती।

आय का सर्वोत्तम उपयोग - बजट द्वारा व्यय की एक पूर्व योजना बना ली जाती है, जिससे अपव्यय की संभावना नहीं रहती। यदि कभी आवश्यकता में वृद्धि हो जाती है तो अन्य मदों से कटौती करके उसे पूर्ण भी किया जा सकता है अथवा यथासंभव अन्य साधनों का विकास भी कर लिया जाता है।

अनावश्यक व्यय पर रोक - बजट बनाने से परिवार में अनावश्यक व्यय नहीं हो पाता। पूर्व योजना के कारण अपव्यय का प्रश्न ही नहीं उठता क्योंकि एक-एक मद पर कितना-कितना व्यय किया जाना है, यह निश्चित कर लिया जाता है।

बचत की व्यवस्था - परिवार में आय का व्यय करने के साथ ही कुछ बचत करना भी आवश्यक होता है। बजट में बचत का एक आवश्यक मद माना गया है। इसके लिए निश्चित धनराशि को ही बचत के रूप में एकत्र करते हैं, जिससे भविष्य में आकस्मिक व्यय की सुगमता हो जाती है।

मितव्ययता - बजट बनाने से सदस्यों में मितव्ययता तथा आत्मनियंत्रण की भावना विकसित होती है। उनके सामने आय-व्यय का चित्र रहता है। अतः वे न फिजूलखर्ची करते हैं, न ही अपने खर्चों को सीमित करने में असंतुष्ट होते हैं।

बजट के प्रकार

बजट तीन प्रकार का होता है -

संतुलित बजट : यह ऐसा बजट होता है जिसमें जितनी आय होती है उतना ही व्यय होता है, न तो बचत ही होती है न ही ऋण लेने की आवश्यकता होती है।

घाटे का बजट : जिस बजट में व्यय आय से अधिक होता है, उसे घाटे का बजट कहते हैं। इस बजट में अतिरिक्त व्यय को पूरा करने के लिए या तो ऋण लेना पड़ता है अथवा घर की कुछ सामग्री बेचकर उसे पूरा किया जाता है। यह बजट परिवार की आर्थिक स्थिति को बिगाड़ देता है। अतः ऐसे बजट से सदैव बचना चाहिए।

बचत का बजट : यह बजट सवोत्तम बजट होता है, जिसमें आवश्यकताएं भी पूर्ण होती रहती हैं, साथ ही बचत कर ली भी जाती है, जिसे भविष्य की आवश्यकताओं पर व्यय किया जा सकता है। इस बजट को आदर्श बजट भी कहते हैं क्योंकि इसके द्वारा इस प्रकार व्यय किया जाता है कि परिवार को अधिकतम संतुष्टि प्राप्त हो सके तथा आय-व्यय का संतुलन भी बना रहे। साथ ही भविष्य के लिए भी कुछ धनराशि संचित होती रहे।

बजट की प्रमुख मदें

आज के युग में जिस प्रकार मनुष्य की आवश्यकताएं बढ़ी हैं, उसी प्रकार उसके व्यय की मदें भी भिन्न-भिन्न प्रकार की हो गई हैं। इन मदों का निर्धारण आय के अनुसार होता है, जैसे गैस का चूल्हा माचिस से जलाया जाएगा तो कम खर्च आएगा। इसी मद के लिए लाइटर पर अधिक व्यय होगा। फिर भी कुछ मदें ऐसी हैं, जो सामान्य रूप से सभी परिवारों के लिए आवश्यक हैं, जो इस प्रकार हैं :-

भोजन

भोजन व्यक्ति की मूलभूत आवश्यकता है। अतः यह बजट का सर्वाधिक महत्वपूर्ण मद होता है। बजट में इस मद को सबसे पहले लिया जाता है तथा सामान्य स्तर पर

आय का अधिकांश भाग इस मद पर व्यय होता है। आय वृद्धि के साथ भोजन पर व्यय अनुपात से कम ही होता है।

वस्त्र

वस्त्र व्यक्ति की दूसरी मुख्य आवश्यकता है। इसके अंतर्गत पहनने व ओढ़ने-बिछाने के वस्त्र तथा सिलाई का व्यय आता है। गृहिणी को इस मद पर सावधानी से व्यय करना चाहिए।

मकान

मकान चाहे स्वयं का हो अथवा किराए का, दोनों स्थिति में इस मद पर व्यय करना पड़ता है। स्वयं का मकान होने पर किराए की बचत तो हो जाएगी, परंतु उसकी पुताई, मरम्मत, वाटर टैक्स, मकान-टैक्स आदि के लिए कुछ प्रतिशत बचत करके एकत्र करते रहना चाहिए।

पानी, बिजली, ईंधन

इस मद में लकड़ी, कोयला, तेल या गैस, पानी व बिजली का बिल आदि सम्मिलित हैं।

शिक्षा व चिकित्सा

यह भी बजट का महत्वपूर्ण भाग है जिसमें बच्चों की शिक्षा प्रतिमाह की फीस, किताब, कापियां, पत्र-पत्रिकाओं आदि पर होने वाला व्यय होता है। सदस्यों की बीमारी पर होने वाला व्यय तथा डाक व्यय को भी इसी मद के अंतर्गत ही रखते हैं।

व्यक्तिगत व्यय

भिन्न-भिन्न परिवारों की भिन्न-भिन्न रुचियां व आदतें होती हैं, जिसके अंतर्गत बीड़ी, सिगरेट, श्रृंगार-प्रसाधन, पान-तंबाकू, सवारी खर्च, मनोरंजन आदि व्यय किया जाता है।

बचत

बचत भी बजट का एक आवश्यक मद है। अपनी आय का जितना भाग परिवार की आवश्यकताओं की पूर्ति के बाद बचाया जाता है, वह 'बचत' कहलाती है।

बचत का भविष्य की आवश्यकताओं, विवाह, आकस्मिक बीमारी, मुकदमे, मकान

बनाने, शिक्षा आदि में व्यय किया जाता है। भविष्य की आवश्यकताएं भी बहुत महत्वपूर्ण होती हैं। अतः यथासंभव दैनिक आवश्यकताओं में कुछ कमी करके नियमित रूप से कुछ न कुछ धन बचाना चाहिए। 'बूंद-बूंद से घड़ा भर जाता है।' यदि थोड़ी-थोड़ी धनराशि भी एकत्र की जाए तो भविष्य में बहुत बचत हो जाती है।

अनुमानित बजट

आजकल महंगाई व आधुनिकता का युग है, जिसमें विभिन्न परिस्थितियों के कारण भिन्न-भिन्न परिवारों की भिन्न-भिन्न आवश्यकताएं होती हैं। अतः एक समान आय के दो परिवारों के लिए एक-सा बजट कभी भी उपयुक्त न होगा। हां, तीनो वर्गों के लिए एक अनुमानित बजट अवश्य बनाया जा सकता है तथा महंगाई व अपनी व्यक्तिगत परिस्थिति के अनुसार इन राशियों को परिवर्तित भी किया जा सकता है।

उच्च एवं निम्न वर्गों के बजट में अंतर

१२०० रूपये से ६००० रूपये तक के अनुमानित बजट का प्रारूप यहां दिया जा रहा है। मान लीजिए परिवार की सदस्य संख्या ४ है अर्थात पति-पत्नी व दो बच्चे, जिनकी मासिक आय निम्न वर्ग की १२०० रूपये मध्यम वर्ग की ४२०० रूपये एवं उच्च वर्ग की ६००० रूपये है। इनका अनुमानित बजट निम्न प्रकार हो सकता है -

व्यय की मदें	निम्न वर्ग आय १२०० रूपये व्यय रूपये	प्रतिशत	मध्यम वर्ग ४५०० रूपये व्यय रूपये	प्रतिशत	उच्च वर्ग ६००० रूपये व्यय रूपये	प्रतिशत
१. भोजन	७२०	६०	२२५०	५०	३६००	४०
२. वस्त्र	८४	७	३६०	८	६००	१०
३. आवास	१५६	१३	६७५	१५	१३५०	१५
४. चिकित्सा	३६	३	१८०	४	४५०	५
५. शिक्षा	३६	३	१८०	४	४५०	५
६. मनोरंजन	२४	२	१३५	३	४५०	५

७. व्यक्तिगत व्यय	३६	३	१८०	४	४५०	५
८. फुटकर व्यय	२४	२	१३५	३	३६०	४
६. बचत	८४	७	४०५	६	६६०	११
कुल योग	१२००	१००	४५००	१००	६०००	१००

उपरोक्त अनुमानित बजटों में वर्तमान महंगाई के कारण आय की धनराशि बढ़ा दी गई है। इन राशियों को महंगाई के अनुसार परिवर्तित भी किया जा सकता है। इस बजट में निम्न वर्ग अर्थात एक श्रमिक भी अपनी मजदूरी में से कुछ बचत का प्रावधान कर सकता है।

दैनिक व्यय का लेखा रखने की विधि

पारिवारिक बजट में मासिक बजट के साथ दैनिक बजट का भी महत्वपूर्ण स्थान है। दैनिक बजट को दैनिक ब्यौरा या लेखा भी कहते हैं। यह घर की अर्थ-व्यवस्था पर नियंत्रण करने में सहायक होता है। इससे अपव्यय नहीं होने पाता तथा आवश्यक व्यय के लिए पर्याप्त धनराशि की व्यवस्था होती रहती है तथा आय-व्यय का संतुलन बना रहता है।

व्यय की मुख्य मदें

दैनिक व्यय के ब्योरे को तैयार करते समय व्यय को निम्न मदों में विभाजित किया जा सकता है -

भोजन - इस मद में सभी खाद्य पदार्थ, पेय पदार्थों को सम्मिलित करना चाहिए। जैसे शाक-सब्जी, दालें, तेल, चिकनाई, मिठाई, ब्रेड, मक्खान आदि। इनमें से भिन्न-भिन्न वस्तुओं को अलग-अलग भी लिखा जा सकता है।

वस्त्र - इस मद के अंतर्गत विभिन्न वस्त्रों को सूती, रेशमी, टेरीकॉट, सिले वस्त्र, जूते-मोजे आदि लिखना चाहिए।

आवास - इस मद के अंतर्गत मकान का किराया एवं टेक्स, तेल, बिजली, फर्नीचर, कालीन, पर्दे, सजावट, मरम्मत का सामान आदि आता है।

चिकित्सा व स्वास्थ्य : जैसे दवा, डॉक्टर की फीस, साबुन, मंजन, तेल, धोबी का बिल आदि।

शिक्षा : स्कूल, कॉलेज की फीस, किताब, कॉपी आदि।

व्यक्तिगत व्यय : जैसे सौंदर्य प्रसाधन, सवारी का किराया, मनोरंजन, मित्रों का स्वागत, उपहार, पत्र-व्यवहार आदि।

इस प्रकार गृहिणी को एक डायरी बना लेनी चाहिए। उसमें प्रतिदिन का ब्योरा लिखते रहना चाहिए। प्रत्येक मद पर व्यय की गई धनराशि को जोड़ लें। फिर प्रत्येक मद के प्रतिदिन के कुल व्यय को मासिक व्यय की तालिका में लिखें। मासिक व्यय की तालिका से पूरे माह के वास्तविक व्यय का ज्ञान हो जाएगा तथा यह भी पता चल जाएगा कि मासिक व्यय बजट के अनुमानित व्यय से कम या अधिक या बराबर है। यदि किसी मद पर कम व्यय करके आय-व्यय में संतुलन स्थापित किया जा सकता है।

पत्नी के कर्तव्य

पति की तरह ही पत्नी के भी कुछ कर्तव्य होते हैं, जिनका पालन कर, गृहस्थाश्रम का पूर्ण आनंद लिया जा सकता है। किसी ने ठीक ही कहा है - ईंट और गारे से मकान बनाए जा सकते हैं, घर नहीं। मकान को घर बनाने में गृहणी का ही पूरा हाथ होता है। वैसे भी इतिहास साक्षी है कि बहुत से महापुरूषों जैसे तुलसीदास, कालीदास, शिवाजी आदि के उत्थान-पतन में स्त्री की ही मुख्य भूमिका रही है। मधुरभाषी स्त्री घर को स्वर्ग बना सकती है तो कर्कशा व जिद्दी स्त्री घर को नर्क बना देती है। पत्नी को निम्न बातों का ध्यान रखना चाहिए।

- पति के माता-पिता एवं परिवार के अन्य सदस्यों का आदर करे तथा उनकी सुख-सुविधा का हमेशा ध्यान रखे।
- कभी अपने पीहर में ससुराल वालों की निंदा या बुराई न करे।
- कभी भी पति पर कटु, तीखे एवं व्यंग्यात्मक शब्दों का प्रयोग न करे। हर समय ध्यान रखे कि तलवार का घाव भर जाता है, बात का नहीं।
- पति के सामने कभी भी ऐसी मांग न करे जो पति की सामर्थ्य से बाहर हो।

- कभी भी झूठी शान शौकत के चक्कर में पैसे का अपव्यय न करे।
- पति से सलाह मशवरा करके ही संतुलित एवं आय के अनुसार ही व्यय की व्यवस्था करे। पति के साथ रिश्ते को पैसे का आधार न बनाकर सहयोग की भावना से गृहस्थी चलानी चाहिए।

पति-पत्नी में एक-दूसरे के प्रति दृढ़ निष्ठा एवं विश्वास भी होना चाहिए। दोनों का चरित्र संदेह से ऊपर होना चाहिए। कभी-कभी छोटी-छोटी बातें भी वैवाहिक जीवन में आग लगा देती हैं और हरे भरे गृहस्थ जीवन को वीरान बना देती हैं। आपसी सामंजस्य, एक दूसरे को समझना, किसी के बहकावे में न आना, बल्कि अपनी बुद्धि से कम लेना ही वैवाहिक जीवन को सुंदर, प्रेममय व महान बनाता है।

अनावश्यक पार्टियों से बचें

आवश्यकता से अधिक दिखावा, जरूरत से ज्यादा फैशन, मेकअप, भड़कीले पारदर्शी वस्त्र, सीमा से अधिक खर्च, दूसरों की देखा-देखी घरेलू उपयोग की वस्तुओं की खरीद, दूसरों की हीनताओं को उछालना, आत्म प्रदर्शन, प्रगतिशीलता के नाम पर कोल्डड्रिंक्स, सोफ्ट ड्रिंक, हॉट ड्रिंक्स, फास्ट फूड के नाम पर चाऊमीन, हॉट डॉग, बर्गर, फ्राइड फूड का परोसा जाना, मनोरंजन के नाम पर ताश, रम्मी, पपलू, तंबोला आदि ऐसे आचरण हैं, जो प्रगतिशीलता के नाम पर होते हैं, जबकि वास्तविकता यह है कि इन व्यवहारों के नाम पर दाम्पत्य संबंधों में असंतुलन स्थापित हो रहा है। इन पार्टियों में आने-जाने वाली महिलाओं की अपेक्षाएं-महत्वाकांक्षाएं बढ़ी हुई हैं। ये महिलाएं पति-पत्नी में बराबरी तो चाहती हैं, लेकिन पारिवारिक दायित्वों से मुख मोड़ने लगी हैं। मध्यवर्गीय दंपतियों की आंखों में 'डोर टू डोर' बिछे कारपेट इच्छाएं तो पैदा करते हैं, लेकिन साधनों का अभाव उन्हें कुंठित करता है और ये कुठाएं ही दाम्पत्य जीवन में मन-मुटाव और टकराव का कारण बनने लगती हैं। मध्यवर्गीय परिवारों के संस्कारों से जुड़ी पार्टियों में जाने-आने वाली महिलाएं इस प्रकार की चकाचौंध से समन्वय नहीं कर पातीं और दाम्पत्य जीवन बिखेरने लगता है।

रात देर तक चलने वाली इन पार्टियों में विविध प्रकार की महंगी शराब, कैबरे आदि का आयोजन भी होता है। पीने-पिलाने के बाद रोमांटिक हो जाना स्वाभाविक ही होता है, बल्कि सच तो यह है कि कुछ लोग पीते ही इसलिए हैं कि वे माहौल में

कुछ 'असहज' हो जाएं। रोमांस की चाह और फिर अवैध सम्बधों की स्थापना-यही है इन पार्टियों का अर्धसत्य। इन पार्टियों के कारण दूसरे दिन ही पति-पत्नी के सम्बन्धों में खिंचाव होने लगता है और फिर उनके हिस्से आती है आत्मग्लानि, अनचाहा तनाव, अपराध बोध, पश्चाताप, एक-दूसरे के प्रति नफरत, हीनता, जीवन के प्रति नैराश्य भाव, कुछ हीन और प्रतिशोधी भावनाएं, हिंसक विचार या फिर आत्महत्या या उच्छृंखल जीवन। दिल्ली की माडल व साकी जेसिकालाल जैसी हत्या। क्या ये हमारे दाम्पत्य जीवन के आदर्श हो सकते हैं ? जब नहीं, तो फिर इस प्रकार की सोच के पीछे भागना कहां तक औचित्पूर्ण हैं ?

इससे पहले कि ये कथित पार्टियां आपका दाम्पत्य जीवन तहस-नहस करें, इनसे जहां तक हो सके, बच कर रहें।

इसका अर्थ यह नहीं कि आपको इस प्रकार की पार्टियों का आयोजन नहीं करना चाहिए अथवा कहीं पार्टियों में आना-जाना ही नहीं चाहिए। वास्तव में पार्टियों का आयोजन तो परस्पर संबंधों में मधुरता और निकटता लाने वाला व्यवहार है। एक-दूसरे की प्रतिष्ठा बढ़ाने वाला आचरण है। इसलिए परस्पर में मान प्रतिष्ठा बढ़ाने, अपना सामाजिक क्षेत्र बढ़ाने, समय व्यतीत करने, अपनी रुचियों, आदर्शों, विचारों, खुशियों को बढ़ाने के लिए स्वयं पार्टियों में जाएं और लोगों को आमंत्रित करें। एक दूसरे की सहयोगी बन अपनी प्रगतिशील सोच का परिचय दें। लेकिन बस इतना ध्यान रखें कि पार्टियां आपकी खुशहाली के लिए हैं, आपका जीवन बर्बाद करने के लिए नहीं। इसके लिए आप इस बात को गांठ बांध लें।

अवसर चाहे कोई भी क्यों न हों, अपनी पार्टी का आयोजन इस खूबसुरती के साथ करें कि आने वाले आपकी सुघड़ता से प्रभावित हुए बिना न रह सकें। पार्टी में जो भी आएं, प्रसन्न होकर जाएं। सोशल स्टेट्स के नाम पर झूठा प्रदर्शन, दिखावा आदि न करें और अपनी पार्टियों का आयोजन अपने स्तर, सीमा और आवश्यकता के अनुसार खुद करें।

पार्टी चाहे होटल में दी जा रही हो अथवा घर में। परिवार के सभी सदस्यों का सहयोग लें, सहमति लें। इससे जहां पार्टी में आने वाले मेहमानों को आत्मीयता मिलेगी, वहीं परिवार का प्रत्येक सदस्य इस प्रकार की पार्टी को सफल बनाने के लिए जी-जान से प्रयास करेगा।

30 भोजन का सजाना व परोसना

भोजन का सजाना भी कला है

बने हुए भोजन को सजाकर डाइनिंग टेबल पर रखें। इससे न केवल भोजन करने की इच्छा जागृत होती है, बल्कि मानसिक संतुष्टि भी मिलती है। लड़की देखने-दिखाने के व्यवहार में इस कला के द्वारा ही लड़की की सुघड़ता की परख होती है। मेहमानों के बीच अथवा परिवार के बीच बैठकर खाना सजाकर रखें। इस सम्बन्ध में निम्न बातों का ख्याल रखें:

- जिस प्रकार से कलाकार अपनी बनी हुई कृति को और अधिक आकर्षक बनाने के लिए तूलिका से "फाइनल टच" देता है, उसी प्रकार से आप भी भोजन को परोसने से पहले कुछ अतिरिक्त सजावट देकर आकर्षक बनाएं।
- हलुआ, खीर, कस्टर्ड को परोसने से पहले उस पर विभिन्न रंगों की चेरी डालकर प्लेट में सजाएं।
- दाल, तरी वाली सब्जियों पर ऊपर से कटा हुआ धनिया डालकर पिसी हुई लौंग, दालचीनी, तेजपात, मीठी नीम (करी पत्ता) का छौंक दें। थाली में महकती हुई कटोरियां भोजन के प्रति उत्सुकता जगा देंगी।
- गुलाब जामुन कुछ बड़े ही बनाएं। इसे चांदी के वर्क से सजाएं। चाशनी इच्छा अनुसार डालें।
- रायते, दही, बड़े की प्लेट सजाने के लिए पुदीने का चूर्ण इस्तेमाल करें। पिसी काली मिर्च ऊपर से सजाएं।
- टमाटर के सूप में बारीक पिसा हुआ पुदीना-चूर्ण मिलाकर परोसें। इससे न केवल सूप का स्वाद बढ़ जाएगा, बल्कि महकने भी लगेगा।
- चावल परोसने से पहले उसमें राई, जीरे का छौंक लगाएं। कटोरी का आकार देकर उसे परोसें। थाली की शोभा बढ़ जाएगी।
- गाजर, मूली, ककड़ी के सलाद को अलग-अलग कसकर उसे एक बड़ी प्लेट

में तिरंगे के रूप में सजाकर डाइनिंग टेबल के बीच में रखें। इसी तरह से टमाटर, प्याज और नीबू, खीरे आदि को भी आकर्षक आकृति देकर सजाएं।

- पुलाव में लाल गाजर कस कर डालें, हरी चेरी डालकर पुलाव को भी विभिन्न रंगों में सजाएं। स्वाद और आकर्षण बढ़ाएं। सज्जा से भोजन को आकर्षक बनाकर आप मेहमानों का दिल जीत सकती हैं।
- खाने की मेज पर अथवा नीचे फर्श पर फूलों का एक बड़ा गुलदस्ता सजा कर रखें।
- नव दंपति को यदि आपने खाने पर बुलाया है, तो मेज पर मोमबत्तियां जलाकर वातावरण को आकर्षक और रोमांटिक बना सकती हैं।

इस प्रकार की साज-सज्जा से भोजन को आकर्षक बनाकर आप मेहमानों का दिल जीत सकती हैं।

खाना परोसना भी कला है

भोजन चाहे कितना ही अच्छा क्यों न बना हो, आप द्वारा प्रदर्शित किया गया स्नेह, आत्मीयता उसके स्वाद को बढ़ाता है। इसलिए खाना परोसना भी एक कला है। भोजन चाहे भारतीय पद्धति से नीचे बैठकर किया जा रहा हो अथवा "बफे" पद्धति से खड़े होकर किया जा रहा हो, अपनी ओर से इस शिष्टाचार का पालन करें :

१. भोजन सामग्री बड़े सम्मान के साथ परोंसे, ऊपर से फेंके नहीं।
२. आग्रह करें, दुराग्रह नहीं।
३. यदि आप जानती हैं कि परिवार के किसी सदस्य को उच्च रक्तचाप रहता है अथवा उसे मधुमेह (डायबिटिज) है या पेट में अल्सर है, तो ऐसे सदस्य को मीठे अथवा नमक की वस्तुएं जानबूझ कर न परोसें। उसके साथ सहानुभूति रखें और उसका मजाक न उड़ाएं, बल्कि उसे भोजन में ऐसी वस्तुएं अवश्य परोंसे, जो उसके आहार के लिए उत्तम हों। सलाद, दूध, दलिया जैसी वस्तुएं ऐसे लोगों के लिए उत्तम आहार होती हैं।
४. खाना परोसते समय यह भी ध्यान रखें कि परिवार के किस सदस्य अथवा किस मेहमान को किस चीज की आवश्यकता है। इस आवश्यकता की पूर्ति करते समय किसी प्रकार की जबरदस्ती न करें।

५. बच्चों और वृद्धों को अधिक मिर्च-मसालें वाली वस्तुएं न परोसें, इस बात का पहले से ही ख्याल रखें। भोजन में मिर्च-मसालों की मात्रा बड़ी संतुलित हो।

६. कांच के गिलासों के नीचे अथवा प्लेटों के पास नेपकिन सजाकर रखें।

७. स्वीट डिश हमेशा बाद में परोसें।

८. वाश बेसिन के पास साफ तौलिया, साबुन, पानी अवश्य रखें।

६. रसेदार सब्जी को परोसने के लिए हमेशा कटोरी का इस्तेमाल करें। थाली में ऐसी सब्जी कभी न परोसें।

१०. जैसे ही आप यह अनुभव करें कि सब मेहमान अथवा परिवार के सदस्य खाना खा चुके हैं, तो मौसमी फलों की प्लेट सजाकर मेज पर रखें और उन्हें इसे खाने के लिए अनुरोध करें। इस अनुरोध में विनम्रता भरा आग्रह हो। किसी भी मेहमान के साथ किसी भी वस्तु को खाने के लिए हाथ धोकर पीछे न पड़ जाएं। खाने के बाद सौंफ, सुपारी आदि प्लेट में रखकर दें। ध्यान रहे, कि धूम्रपान के लिए आग्रह न करें, बल्कि इसके लिए मेहमानों को हतोत्साहित करें।

बच्चों की रुचियों का ध्यान रखें

अधिकांश माएं बच्चों के खाने के बारे में परेशान रहती हैं। वे खाना लेकर बच्चों के पीछे-पीछे फिरती हैं, लेकिन बच्चे अनेकानेक मनुहारों, आग्रहों के बाद भी कुछ नहीं खाते। आजकल बच्चों को खाना खिलाना एक ऐसी समस्या बनती जा रही है, जिसका समाधान सरल होने के बाद भी समस्या कठिन है। इस विषय में आप जरा ठंडे दिमाग से समस्या पर विचार करें। बच्चों में भोजन के प्रति अरुचि का कारण जानें, तो आप इस समस्या के व्यावहारिक समाधान को सरलता से पा लेंगी।

अरुचि के कारण

बच्चों में भोजन के प्रति अरुचि का कारण यह है कि बच्चा प्रारम्भ में केवल मां के दूध पर आश्रित रहता है। लगातार दूध पीने के कारण उसे दूध से अरुचि हो जाती है। वह दूध किसी कीमत पर पीना पसंद नहीं करता।

कभी-कभी किसी बीमारी अथवा गले की खराबी आदि से भी भोजन के ठोस आहार से अरुचि हो जाती है।

आप बस इतना करें

बच्चा कभी भूखा नहीं रहता, इसलिए आप उसके भोजन के बारे में ज्यादा चिंता न करते हुए इतना करें कि उसे हल्का, सुपाच्य भोजन अवस्था के अनुसार खाने को दें, ताकि वह विभिन्न प्रकार की वस्तुओं के स्वाद जान जाए। इन स्वादों की अनुभूति हो जाने पर वह स्वतः ही इन वस्तुओं को खाने लगेगा।

बच्चों को भोजन के बारे में किसी प्रकार की जबरदस्ती न करें, न ही उन्हें इसके लिए प्रताड़ित करें। कुछ बच्चे तो केवल बिस्कुट से ही अपना पेट भर लेते हैं। आशय यह है कि उनकी रुचियां विकसित करें, उन्हें वही वस्तुएं दें, जो वे शौक से खाने लगे, भले ही वे फल ही क्यों न हों।

भोजन को हमेशा नई-नई वस्तुएं, जैसे पोए, नूडल्स, मेंग्गे, ढोकला, वैजीटेरियन चीला, आलू टिक्की, ब्रैड पकौड़ा, सैंडविच, पोष्टिक लड्डू, उपमा, डोनट्स, पंजीरी, दलिया, खिचड़ी, काजू की बर्फी आदि वस्तुएं समय-समय पर बनाकर दें। परिवार के एक सदस्य को सत्तू खाते देख बच्चा सत्तू खाने के लिए मचलने लगे, तो उसे सत्तू भी रुचिकर लगेगा।

इस विषय में मुख्य समस्या यह नहीं कि बच्चा भोजन नहीं करता, बल्कि समस्या यह है कि वह नियमित रूप से समय पर भोजन नहीं करता। भोजन के प्रति उसकी यह अनिश्चितता ही समस्या है। इसलिए अभिभावकों को चाहिए कि वे बच्चों को समय पर भोजन के लिए प्रोत्साहित करें, भले ही वह अल्प मात्रा में ही क्यों न हो। इस प्रकार की सोच ही बच्चों में खाने के प्रति उनका शौक, इच्छा विकसित करेंगी और बच्चे परिवार के अन्य सदस्यों की तरह भोजन करने लगेंगे।। एक अच्छी पत्नी बनने के लिए लिए बच्चों का ध्यान रखना भी आवश्यक है।

31 गर्भवती के आहार और आचार-विचार

प्रतिदिन का हमारा यही अनुभव है कि कुछ बच्चे संसार में पैर रखते ही अपनी प्रतिभा से जगत को चकाचौंध कर देते हैं और कुछ जन्म लेने से पूर्व ही कूच कर जाते हैं। कुछ बच्चे अंगहीन, अंधे, विकृत-अंग या गूंगे होते हैं। ऐसा भी देखने में आता है कि कतिपय बालक जन्म के कुछ दिनों पश्चात् पागल हो जाते हैं या उन्हें दूसरी भयंकर बीमारियां धर दबोचती हैं। कुछ जन्म से ही कमजोर, दुबले-पतले और सुस्त पाए जाते हैं। इसके विपरीत कुछ बालकों को देखने मात्र से ही उनकी बुद्धिमता का परिचय मिलता है। उन्नत ललाट, कमल-नेत्र, सुडौल शरीर, हंसमुख चेहरा देखने वाले का मन लुभा लेता है।

क्या आपने कभी सोचा है कि ये सब परिवर्तन गर्भवती माता के आहार, आचार-विचार आदि के प्रभाव से हुए हैं? इनके लिए हम व्यर्थ ही ईश्वर को कोसते या अपने भाग्य का रोना रोते हैं। ***यदि आप अपने आहार, आचार-विचार को सही रखकर संतान को जन्म देंगी तो पति की प्रिया तो बनी ही रहेंगी, अपना जीवन भी सार्थक कर लेंगी।***

आहार का प्रभाव

गर्भवती का आहार बिल्कुल हल्का, सादा, सुगमता से पचने योग्य तथा परिमाण में अल्प होना चाहिए। गर्भस्थ शिशु का स्वास्थ्य, सौंदर्य आदि गर्भवती के आहार पर निर्भर करता है। इस अवस्था में अधिकांश स्त्रियां दुर्बल हो जाती हैं, उनका चेहरा पीला पड़ जाता है, पैर सूज जाते हैं तथा रक्तालप्ता जैसी बीमारी हो जाती हे। इस अवस्था में यदि उत्तम भोजन नहीं मिला तो प्रसवकाल में बहुत कठिनाइयां होती हैं। गर्भवती को ऐसा भोजन करना चाहिए, जिसमें यथेष्ट परिमाण में प्रोटीन, विटामिन ए, बी, सी, डी और खनिज लवण आदि विद्यमान हों। दूध एक पूर्ण भोजन है इसलिए गर्भवती को पर्याप्त मात्रा में दूध मिलना परमावश्यक है। बहुधा यह देखने में आता है

कि स्त्रियां अपने परिवार के लोगों के लिए तो भोजन पर विशेष ध्यान देती हैं, पर स्वयं इस ओर से लापरवाह रहती हैं। दूसरों को अच्छे से अच्छा भोजन देना और स्वयं न लेना, यह उसकी त्यागवृत्ति तो सराहनीय और आदर्श हैं, परंतु शरीर के स्वास्थ्य का भी ध्यान रखना आवश्यक है। ऐसी परिस्थिति में परिवार के बुजुर्गों का यह कर्तव्य हो जाता है कि गर्भवती के भोजन पर पूरी निगाह रखें, ताकि उसके भोजन में किसी भी आवश्यक विटामिन की कमी न रहे।

विटामिन 'ए' से बच्चे का शरीर सुगठित, नेत्र सुंदर और फेफड़ा, मजबूत बनता है। पालक शाक, बंद गोभी, टमाटर, मूली, फूलगोभी, गाजर और नींबू में पर्याप्त विटामिन 'ए' मिलता है। मक्खन, दूध, दही, घी, मटठ्ा में भी यह विटामिन प्रचुर मात्रा में मिलता है।

विटामिन 'बी' से पाचनशक्ति बढ़ती है, जिससे बच्चों को पेट की बीमारी नहीं होती। जिन माताओं के भोजन में इस विटामिन की कमी पाई जाती है, उनके बच्चे सर्वदा पेट की बीमारी का शिकार बने रहते हैं। यह विटामिन चोकरदार आटे में सबसे अधिक मिलता है। सब प्रकार की दालों में, शलजम की कोमल पत्तियों में, बथुआ, पालक, मूली आदि में मिलता है।

स्वास्थ्य के लिए विटामिन 'सी' भी आवश्यक है। कुछ स्त्रियों को प्रसव के बाद अधिक रक्तस्राव होने लगता है। उससे बचने के निमित्त विटामिन 'सी' की आवश्यकता है। चना और गेहूं के अंकुरों में यह सबसे अधिक मिलता है। टमाटर, नीबू, संतरा तथा अन्य फलों में तो यह मिलता ही है, पालक शाक तथा शलजम में भी मिलता है। फल तथा शाक खाना कितना श्रेयस्कर होगा, इससे स्पष्ट है।

विटामिन 'डी' से बच्चों की हड्डियां मजबूत तथा दांत सुंदर होते हैं। इसी की कमी से बच्चों को अनर्थकारी रिकेट रोग हो जाता है, जिससे अच्छा होना कठिन है। बच्चे जल्दी चलना नहीं सीखते, देखने में सुस्त, कमजोर तथा मरियल-से लगते हैं। शुद्ध मक्खन, दूध एवं हरी-हरी सब्जियों में पर्याप्त विटामिन 'डी' होता है। सूर्य की किरणों से भी इसे सुगमतापूर्वक प्राप्त कर सकते हैं। नंगे बदन धूप में बैठकर, विशेषतया प्रातः काल में सरसों का तेल, जिसमें रवि-रश्मि कुछ देर तक पड़ चुकी हों, मालिश करने से इस विटामिन को पा सकते हैं।

गर्भवती स्त्रियों को अधिक उपवास तथा व्रत भी हानिकर हैं। इससे मां तथा बच्चे दोनों को हानि होने की संभावना रहती है। पेट में बच्चे का लालन-पालन मां के आहार पर निर्भर करता है। अधिक उपवास से गर्भपात होने का भय रहता है। कहीं ईश्वर की दया से ऐसा न हुआ तो बच्चा या तो मां के पेट में ही मर जाता है, जन्मता है तो दुर्बल रहता है। प्राचीन ऋषि-महर्षियों ने भी यही सलाह दी है तथा गर्भवती के लिए उपवास का निषेध किया है। इससे मेरा तात्पर्य यह नहीं कि पेट को सर्वदा गरिष्ठ भोजन से भरे रखें। जिस प्रकार उपवास हानिकर है, उसी प्रकार अधिक खाना तथा गरिष्ठ पदार्थों का सेवन भी हानिकर है। सारांश यह कि जो भोजन किया जाए, वह शुद्ध प्राकृतिक, संतुलित, परिमित एवं हितकर होना चाहिए।

आचार-विचार का प्रभाव

गर्भवती को सोना, उठना, बैठना, खाना, पीना, पहनना - ये सभी बातें नियमानुकूल होनी चाहिए। सात घंटे की नींद ठीक है। कपड़ा ढीला, साफ और स्वच्छ हो। थोड़ा व्यायाम भी अनिवार्य है। जिन स्त्रियों को घर का काम-काज करना पड़ता है, उनका व्यायाम तो हो ही जाता है, पर जो चुपचाप बैठी रहती हैं, उन्हें थोड़ा हल्का व्यायाम लाभप्रद होगा।

विचारों का प्रभाव

गर्भवती को अपना समय सुख-शांतिपूर्वक व्यतीत करना चाहिए। उसे अपने मस्तिष्क में किसी प्रकार की चिंता, शोक, क्रोध, द्वेष या क्लेश को स्थान नहीं देना चाहिए। बच्चों के विचारों पर उस समय के मां के विचारों का यथेष्ट प्रभाव पड़ता है। केवल बच्चे के स्वास्थ्य पर ही नहीं, वरन् मां के स्वास्थ्य पर भी उन विचारों का प्रभाव पड़ता है। यह देखा जाता है कि सर्वदा प्रसन्न रहने वालों का स्वभाव मृदुल, आकर्षक एवं प्रिय होता है तथा स्वस्थ्य सुंदर रहता है। इसके विपरीत चिड़चिड़े स्वभाव वाले दुर्बल, रुग्ण एवं क्षीणकाय होते हैं। स्त्रियां स्वभावतः कोमल प्रकृति की हाती हैं। अतः उन पर वाह्य वातावरण का शीघ्र प्रभाव पड़ता है। गर्भवती के लिए अधिक बोलना, रोना, लड़ना-झगड़ना सर्वदा हानिकर है। इनसे कुविचार उत्पन्न होकर उनका कुप्रभाव पड़ता है। उसे सर्वदा नम्र, सहनशील, शांत, सुहृदय एवं प्रभु भक्त तथा मृदुभाषी होना चाहिए, ताकि गर्भस्थ शिशु पर सुप्रभाव पड़े।

बालक के जीवन में आध्यात्मिकता का पुट डालने के लिए सद्ग्रंथों का अध्ययन अति आवश्यक है। एक धार्मिक संतान सिर्फ अपना ही कल्याण नहीं करती, वरन् अपने पूर्वजों तक का उद्धार करती है।

भगवान श्रीकृष्ण ने श्रीमद् भागवद् गीता में स्वयं कहा है -

प्राप्य पुण्यकृतां लोकानुषित्वा शाश्वतीः समाः।
शुचीनां श्रीमतां गेहे योगभ्रष्टोऽभिजायते।।

(६/४१)

इससे स्पष्ट है कि शुद्ध सात्विक जीवन बिताने वाली माताएं ही महान आत्मा को अपने उदर में रखने का दावा कर सकती हैं। उच्च आत्माएं विशेष कार्य के लिए जगत में अवतार लेती हैं।

माताएं अपने आचार-विचार तथा जीवन को पवित्र बनाकर संसार का बहुत बड़ा कल्याण कर सकती हैं तथा स्वतंत्र भारत की भावी संतान को वीर, बुद्धिमान, चतुर तथा विश्वहितैषी बनाने में सहायता प्रदान कर सकती हैं।

32 रसोई में छिपे हैं सौंदर्य प्रसाधन

रसोई गृहिणी का कार्यक्षेत्र है, संभवतः इसलिए इसमें अनेक सौंदर्य प्रसाधन भी छिपे हुए हैं। आप इन सौंदर्य प्रसाधनों को अपना कर अपनी नैसर्गिक कमनीयता और रूप राशि को स्थायित्व प्रदान करें और पति की प्यारी बने रहें।

- काजल में कपूर मिलाकर लगाने से आंखे चमकीली और निरोग बनती हैं। आंखों के सौंदर्य के लिए यह प्रयोग करके देखें।
- आधा नीबू काट कर दोनों कोहनियों के बीच लगाकर दस मिनट तक रखें, फिर गर्म पानी से धो दें। नियमित रूप से यह प्रयोग करने पर कोहनियों पर कालिमा नहीं जमती व अन्य भागों की त्वचा की भांति साफ बनी रहेंगी।
- गर्म पानी में नमक या बोरिक पाउडर डालकर पांवों को धोएं। फटी हुई एड़ियों में मोम मलकर बादाम तेल मलने से फटी हुई एड़ियां ठीक हो जाती हैं। सर्दियों में मोजे पहनें।
- चेहरे पर कील, मुंहासे हो गए हैं, तो मिर्च-मसालों से परहेज कर हरी सब्जियां, फल, पनीर और अंडे का सेवन करें। पानी अधिक पिएं। कब्ज न होने दें।
- बारी-बारी से गर्म, फिर ठंडे पानी के छीटें मारें या चेहरे पर भाप दें। तेज मेकअप न करें।
- मुहासों को दबाएं नहीं। साफ तौलिए का इस्तेमाल करें।
- अपनी सुराहीदार गर्दन को काला होने से बचाएं। सप्ताह में दो तीन बार ब्लीचिंग क्रीम का इस्तेमाल करें। नहाने से पहले पक्के पपीते का गूदा गर्दन पर रगड़ें। आलू का रस गर्दन पर रगड़ने से गर्दन का कालापन दूर होता है। खीरे के टुकड़े को गर्दन पर रगड़ने से भी गर्दन साफ होती है। उसमें स्वाभाविक कोमलता आती है।
- कच्चे दूध को रूई से चेहरे पर लगाएं और कुछ देर बाद रगड़कर उसे धो लें, धीरे-धीरे झुर्रियां दूर हो जाएंगी।

- आंखों के नीचे का कालापन सौंदर्य का सबसे बड़ा दुश्मन है। इसे दूर करने के लिए उस पर गाजर और टमाटर का रस एक-एक चम्मन मिलाकर लगाएं। गर्मियों के मौसम में खीरे और टमाटर का रस लगाएं। कालापन खत्म होने लगेगा।
- कच्चे दूध में काले तिल व पीली सरसों बराबर-बराबर मिलाकर पीसें। इसे चेहरे पर लगाएं। आधे घंटे बाद धो दें। इससे चेचक के दाग, मुहांसे मिटने में अधिक दिन न लगेंगे।
- दूध में जौ या चावल का आटा घोलकर उसे उबटन की तरह लगाएं, त्वचा कोमल और साफ हो जाएगी।
- एक लीटर गन्ने के रस के सिरके में एक मग पानी मिलाकर धोने से बालों का झड़ना बंद हो जाता है।
- रात को सूखा आंवला तथा थोड़ी-सी मेथी मिलाकर भिगो दें। सुबह इसे पीसकर सिर धोने में इस्तेमाल करें। इससे बालों की खुश्की समाप्त होगी, बाल लंबे, काले, घने और चमकदार होंगे।
- बालों को तुलसी के रस और नीम की पत्तियों के रस से धोने से जुएं खत्म होती हैं।
- कच्चे दूध का फोहा बंद आंखों पर रखें, आंखों की जलन, थकान खत्म होने में देर नहीं लगेगी।
- दूध में बेसन, थोड़ा सा जैतून का तेल, कुछ बूंदें नीबू के रस की, आधा चम्मच हल्दी मिलाकर उबटन बनाकर चेहरे पर मलें, फिर धो दें। त्वचा में स्वाभाविक निखार आ जाएगा।
- गेहूं के आटे में थोड़ा-सा दूध, आधा चम्मच शहद मिलाकर चेहरे पर लगाएं, त्वचा निखरी-निखरी सी मुलायम बनेगी।
- गुलाब की पंखुड़ियां कच्चे दूध में पीस कर लेप करें। दस मिनट बाद धो दें, त्वचा कोमल बनेगी।

- चने की दाल रात-भर भिगोएं, सुबह पीस लें, हलदी मिलाकर चेहरे पर मलें, त्वचा में चार चांद लग जाएंगे।
- दूध में चिरौंजी भिगोकर पीस लें। इसका उबटन चेहरे, हाथ, कोहनियों पर मलें, चेहरा खिल उठेगा।
- जैतून के तेल की नाखूनों पर आहिस्ता-आहिस्ता मालिश करें, नाखून चमक जाएंगे।
- नींबू के रस और छिलके से हाथों को साफ करें, हाथों का खुरदरापन दूर होगा, हाथ चमक उठेंगे। हाथ मिलाने में, आपको मन में किसी प्रकार की हीनता नहीं आएगी।

33 सार-संक्षेप (गृहणी के गुण)

प्राचीन धर्मग्रन्थियों, आधुनिक विचारकों, लोक रीति रिवाजों के परिप्रेक्ष्य में सफल गृहिणी में कुछ गुणों की कल्पना की गई है। उन्हीं गुणों को लोगों ने विविध प्रकार से सराहा है। यदि गृहिणी कुछ व्यवहारिक सोच अपनाए तो उसमें निम्न गुणों का विकास हो सकता है। समग्र रूप से यही गुण ही गृहिणी को सफल बनाते हैं।

शारीरिक सुदंरता तो ईश्वर की देन है। इस विषय में मन में किसी प्रकार की हीनता लाना न केवल मूर्खतापूर्ण व्यवहार है बल्कि नासमझी भी है। इसलिए अपने शारीरिक सौदंर्य की अथवा रूप रंग की चिंता न करें। अपने आप में उन मानवीय गुणों को विकसित करें, जो गृहिणी की छवि को निखारते हैं।

शिक्षा

यह हमारे देश का दुर्भाग्य है कि हमारे देश में स्त्री-शिक्षा की स्थिति बहुत अच्छी नहीं रही है। लड़कियों को पढ़ाने-लिखाने की जब भी बात कही जाती है, तो आज भी यही सुनने को मिलता है -''ना भाई ना'' हम लड़कियों को ज्यादा पढ़ाने लिखाने के पक्ष में बिलकुल नहीं है। हमें कौन सी लड़कियों की कमाई खानी है, उससे नौकरी तो करानी नहीं है। ससुराल में जाकर बनानी तो उसे रोटियां ही हैं। बी०एस-सी करा लो चाहे एम०ए० ज्यादा पढ़ लिख जाएगी तो मुसीबत तो हमारी ही बढ़ेगी। ज्यादा पढ़ा-लिखा लड़का ढूंढ़ों, ज्यादा दहेज जुटाओं ....फिरज्याा पढ़े-लिखे लड़के मिलते कहां हैं। हमारी जात में...हमारी सीमा को ही देख लो, बी.ए.बी.एड. है और लड़का मैट्रिक फेल....कैसे एडजस्ट करती होगी बेचारी...प्रियंका चिट्ठी-पत्री लिख लेती है...इतना ही काफी है...तुम तो जानती हो जमाना बड़ा खराब है...।''

लड़कियों की शिक्षा के बारे में इस तरह के दकियानूसी विचार ही लड़कियों की शिक्षा के मार्ग मे सबसे बड़े बाधक हैं। कितने आश्चर्य की बात हैं कि पढ़े-लिखें शिक्षित ओर शहरी समाज के परिवारों के जब ये विचार हैं, तो गांव, कस्बों में स्त्री-शिक्षा की क्या स्थिति होगी, आप ही अनुमान लगा लीजिए। न जाने क्यों लोग शिक्षा को नौकरी

की सार्थकता से जोड़ने लगते हैं। गांवों में तो स्त्री-शिक्षा के बारे में लोगों के सोच काफी पिछड़े हुए हैं। यही कारण है कि आज भी देश में स्त्री-शिक्षा में साक्षरता का प्रतिशत १८-२० के लगभग है। स्वतन्त्रता के इतने वर्ष के बाद भी स्त्री-शिक्षा के प्रति हमारी यह उदासनीता का ही परिणाम है कि आज हम अनेकानेक रूढ़ियों और अंधविश्वासों से जुड़े हुई हैं। धर्म के नाम पर आज महिलाएं पग-पग पर ठगी जाती है। सबसे बड़ी बात तो यह है कि ठगे जाने के बाद भी उनके विचारों और सोच में कोई परिवर्तन नहीं आता। भाग्य और किस्मत के सहारे पड़ी हजारों गृहिणियों का सामाजिक और आर्थिक शोषण होता है, लेकिन वे अन्याय के सामने मुंह नहीं खोलतीं। दहेज ओर अनमेल विवाह की सैकड़ों घटनाऐं रोज घटती है, बहुओं को जलाने की खबरें अब नई नहीं है। महिलाओं की सुरक्षा और संरक्षण की सारी योजनाएं ठंडे बस्तों में बन्द रहते हैं। महिलाओं की सुरक्षा और संरक्षण के नाम पर कानून तो बहुत हैं, लेकिन कितने क्रियान्वयन होते हैं, यह सब आप से छिपा नहीं है। महिलाओं और गृहिणियों के प्रति अन्याय, शोषण और प्रताड़ना की घटनाएं कदम-कदम पर दोहराई जाती है। पुरूष वर्ग की मानसिकता यह है कि वह आज भी औरत को "पैरों की जूती", "भोग्या" "बाजारू वस्तु" समझता है, लेकिन महिलाएं इसलिए कुछ नहीं कहती कि वे यह समझती हैं कि यह सब तो "औरत की नियति" है। जब पहले ही दिन से उसे यह सुनने को मिलता है कि "पढ़-लिखकर क्या करेगी, बनानी तो रोटियां ही हैं " तो वह समझती है कि रोटियां बनाना, बच्चे पैदा करना ही उसकी नियति है, उपयोगिता है। इसमें शिक्षा की क्या आवयकता है ? पढ़ना-पढ़ाना तो फिजूल की बातें है, और यही कारण है कि लड़कियों को तब भी स्कूल कालेज से दूर रखा जाता था और आज भी बहुत परिवर्तन नहीं आया है।

शिक्षा ग्रहणी को नई सोच प्रदान करने वाला गुण है। वह गृहिणी को आत्मनिर्भर तो बनाती ही है, साथ ही उसकी मानसिक और वैचारिक सोच को भी प्रभावित करती है। हमें यह ध्यान रखना चाहिए कि शिक्षित गृहिणी की सोच, आचरण, व्यवहार में अंतर होता है। वह साहस के साथ विषम परिस्थितियों का सामना कर सकती है। अपने अधिकारों के लिए संषर्घ कर सकती है। विषम परिस्थितियों में भी वह सम्मानजनक समझौता कर अपने पारिवारिक जीवन सें संतुष्ट रह सकती है। इस परिप्रेक्ष्य में इतना समझ लेना चाहिए कि आज भी पढ़ी-लिखी कामकाजी महिलाओं की अपेक्षा पढ़ी-लिखी गृहिणियां

ही अधिक हैं। जो गृहिणियां पढ़ी लिखी हैं, उन्हें अपने पढ़े-लिखें होने पर गर्व है। जो गृहिणियां पढ़-लिखकर नौकरी नहीं करते है,वे समाज और परिवार के लिए अन्य अनेक महत्वपूर्ण काम करती है, जौ पैसे कमाने से अधिक महत्वपूर्ण है। उनकी शिक्षा पारिवारिक अपेक्षाओं का आधार है, वे अपनी पारिवारिक अपेक्षाओं को इसलिए पूरा कर रही है, क्योंकि वे पढ़ी लिखी है।

शिक्षा के अन्य अनेक पारिवारिक पक्ष हैं। सफल गृहिणी तो अपने बच्चों का पालन-पोषण, उनकी पढ़ाई लिखाई, उनकी देखभाल, परिवार में रोगी की देखभाल आदि इसलिए कर लेती है, क्योकि वह शिक्षित होती है। गृहिणी को अपने घर की सफाई, परिवार में आने वाले सहकुटुंबियों, मेहमानों आदि से शिष्टाचार युक्त व्यवहार करना पड़ता है। मुहल्ले, पड़ोस के लोगों के साथ शालीनता और शिष्टता से पेश आना पड़ता है, परिवार के सदस्यों के स्वास्थ्य आदि का ध्यान भी रखना पड़ता है। क्या ये सब व्यवहार कोई अशिक्षित ग्रहिणी सफलतापूर्वक कर पाती है ? यदि यह मान भी लिया जाए कि वह ऐसा कर लेती है, तो भी इतना अवश्य है कि शिक्षित और अशिक्षित के व्यवहार में कुछ तो अंतर होगा और वह अंतर ही कभी-कभी बहुत अधिक हो जाता है।

ग्रामीण महिलाओं का क्षेत्र बड़ा सीमित होता है, इसलिए उनके विषय में तो एक बार यह सुना जा सकता है, लेकिन शहरी महिलाओं का क्षेत्र अपेक्षाकृत उनसे व्यापक होता है। पढ़ी लिखी गृहिणी वह चाहे मां तो, बेटी हो, पत्नी हो, प्रशासनिक अधिकारी हो, अपने पारिविाकर सम्बन्धों में विकृति नहीं आने देगी। इस दृष्टि से स्त्री शिक्षा की सार्थकता स्वयं सिद्ध हो जाती है।

स्नेह युक्त पारिवारिक वातावरण पढ़ी-लिखी गृहिणी की देन है। इस प्रकार का स्वस्थ और वातावरण परिवार के सदस्यों को तनावरहित बनाता है और तभी परिवार का प्रत्येक सदस्य अपने सामाजिक और राष्ट्रीय दायित्वों को भली प्रकार से पूरा करता है। वास्तव में शिक्षित वातावरण ही उन्हें प्रेरित और प्रोत्साहित करता है कि वे प्रगति करें। निरन्तर नई-नई सफलताएं प्राप्त करें। इस प्रकार की प्रेरणा उन्हें घर से ही मिलती हैं और पत्नी रूपी गृहिणी से ही मिलती है। यदि आप साधन सम्पन्न है तो अपनी इस सम्पन्नता का लाभ समाज के ऐसे वर्ग को दें जिसे आपके सहयोग ओर सहायता की आवश्यकता है। निर्बल और असहायों का सहारा बनें। किसी सामाजिक, सांस्कृतिक

अथवा धार्मिक संस्था से जुड़ें। रेडक्रास, आर्य समाज, महिला कल्याण समिति आदि ऐसी अनेक संस्थाएं है, जिन्हें आपके सहयोग की आवश्यकता है। पढ़ लिखकर ही आप इनसे जुड़ सकती हैं पढ़ी-लिखी होने के कारण सदैव विवेक से काम लें ताकि कोई अन्य व्यक्ति अथव संस्था आपकी उदारता ओर सहृदयता का अनुचित लाभ न उठा सके।

आपकी शिक्षा की सार्थकता इसमें है कि आप अपने पारिवारिक और सामाजिक वातावरण को कितना प्रभावित करती है। उसकी प्रगति, सुख-समृद्धि और सफलता में कितना योगदान करती हैं। पढ़ लिखकर अपनी इन अपेक्षाओं को पूरा करें। यदि नौकरी करना आवश्यक हो तो अवश्य करें। अपनी योग्यता, प्रतिभा और क्षमता को जानें ओर उसके अनुसार ही किसी संस्था से जुड़ें। आर्थिक आत्मनिर्भरता प्राप्त करें। व्यस्त पति के साथ सहयोग करें। उनके कार्यों में हाथ बटाऐं। पति के कारोबार में भी आप सहयोग कर सकती हैं।

आधुनिक जीवन शैली के अनेक ऐसे काम हैं, जो अब गृहणियों को ही करने पड़ते हैं। बच्चों की पढ़ाई-लिखाई, उनका होमवर्क, घर के खर्चों का हिसाब, पारिवारिक बजट के अनुसार व्यय, नल, बिजली, टेलीफोन के बिलों का भुगतान, मार्केटिंग, महल्ले-पड़ोस की सामाजिक संस्थाओं से जुड़ाव, मनोरंजन के लिए टी.वी. चैनलों का चुनाव, उसका भुगतान, किटी पार्टियों का आयोजन अथवा उसमें भाग लेना आदि ऐसे व्यवहार हैं, जो पढ़ी लिखी गृहिणियों को करने पड़ते हैं। आजकल बहुत से सामाजिक आयोजनों का आयोजन भी होटलों में होने लगा है। अनेक वर्कशाप, सेमीनार, गोष्ठियां आदि भी होती रहती है। इन सबमें महिलाओं-गृहिणियों को अपनी भागीदारी दर्ज करानी पड़ती है। इन सबके लिए भी गृहिणी का शिक्षित होना परम आवश्यक है। गृहिणी का कार्यक्षेत्र अब चारदीवारी तक सीमित नहीं रह गया है। ऐसी लाखों गृहिणियां हैं, जिन्हें वाणिज्य, उद्योग और मीडिया से जुड़कर उसमें अपनी प्रतिभा का उपयोग करना पड़ता है। वास्तव में ऐसी महिलाओं का शिक्षित होना ही उनके लिए वरदान सिद्ध हुआ है।

सामाजिक हीनता से बचने के लिए भी शिक्षा आवश्यक है। पढ़ने-लिखने और सीखने की कोई उम्र नहीं होती, इसलिए इस विषय में जब जागें, तब सवेरा का सिद्धांत अपनाएं और शिक्षित बनें। शिक्षित गृहिणी ही अपने परिवार को "स्वीट होम" बना सकती है। सफल गृहिणी होने का गर्व व गौरव प्राप्त कर सकती है।

विनम्रता

गृहिणी का दूसरा प्रमुख गुण विनम्रता है। विनम्रता से हमारा आशय इतना ही है कि वह अपनी भाषा, बोल-चाल, संबोधनों में इतनी नम्रता लाए कि सुनने वाला प्रभावित हुए बिना न रह सके।

विनम्रता का यह व्यवहार ही गृहिणी को सामाजिक सुरक्षा प्रदान करता है और प्रत्युत्तर में उसे अपनों से सहयोग मिलता है। इससे एक दूसरे के प्रति सहयोगी भावना बढ़ती है। विनम्रता ही हमें एक दूसरे के निकट लाती है। हमारा सारा पारिवारिक जीवन परस्पर में विश्वास के साथ जुड़ा है। संबंधों का यह विश्वास ही हैं। एक दूसरे के प्रति समर्पित होने की प्रेरणा देता है। विनम्रतापूर्ण संबोधन पाकर ये संबंध प्रगाढ़ बनते हैं। पति-पत्नी, पिता-पुत्र, सारे संबंध एक विश्वास और मर्यादा पर टिके हैं और हमें इन मर्यादाओं का कदम-कदम पर निर्वाह करना चाहिए। विनम्रतापूर्वक ये संबोधन ही हमें एक दूसरे से जोड़ते हैं। "मां जी...।", "बड़ी दीदी", "दीदी", "भाई साहब", "वीर जी....।", "भाई जान", "लाला जी", "बड़ी बी...।" "अंकल", "भाभी जी" जैसे संबोधन देकर ही गृहणियां दूसरों के दिल में अपने लिए स्थान बनाती हैं। आप भी इस भाव और भावना से प्रेरित होकर विनम्रतापूर्वक अपना परिचय क्षेत्र बढ़ाएं और संबंधों का निर्वाह करें। गृहिणी के रूप में आप जब भी संपर्क में आने वाले को आत्मतीयतापूर्ण इस प्रकार का संबोधन देती हैं,तो जहां आप स्वयं कुछ सीमाओं में बंध जाती हैं, वहीं दूसरा भी आपके प्रति मानसिक रूप से कुछ संयत, मर्यादित हो जाता है। अनुशासन का यह दोहरा व्यवहार केवल विनम्रता से ही पैदा होता है। इस प्रकार का व्यवहार पाकर दूसरे भी सरलता से अपनी सीमाओं का उल्लंघन नहीं कर पाते।

अतः आप अपने सामाजिक और पारिवारिक जीवन में विनम्रता के इस आदर्श को स्वीकारें। यह आपके व्यक्तित्व की विशेषता बनेगा, वहीं आपके प्रति भी लोगों के मन में आस्था पैदा होगी। पवित्र स्नेह का सागर लहरें मारेगा और आप अपने सामाजिक जीवन में सबसे मान प्रतिष्ठता प्राप्त कर सकेंगी।

अपनी बातचीत के क्रम में हमेशा विनम्रतापूर्वक दूसरों को "जी...." "जीं हां. ..." "जी सर...", "पहले आप..", "बैठिए प्लीज..." जैसे संबोधनों का प्रयोग करें। घर आए मेहमानों से अति उत्साह के साथ मिलना, उनसे मैत्री चाहने के लिए अति

उत्साह दिखाना आपको दूसरों की नजरों में गिरा सकता है। आशय यह है कि आपकी वाणी में विनम्रतापूर्वक आत्मीय संबोधन हो। आप चाहे किसी का नाम लेकर पुकारें अथवा उनकी मान-प्रतिष्ठा के अनुकूल कोई और संबोधन दें। आपकी वाणी में मधुरता और आत्मीयता का एहसास हो। यदि आप कामकाजी हैं और आपको घर और बाहर की दोहरी भूमिका निभानी पड़ती है, तो भी विनम्रतापूर्वक पहल करें। पहले अपना परिचय दें, फिर आप दूसरों का परिचय लें। हमेशा शिष्टता और शालीनता का ध्यान रखें। अपना परिचय केवल कुछ ही शब्दों में दें, उनके बारे में ही अधिक जानें, जिनसे परिचय कर रही हैं।

परिवार में, महल्ले-पड़ोस में, कामकाजी जीवन में वैचारिक मतभेद होना स्वाभाविक व्यवहार है। अतः ऐसे किसी व्यक्ति, सहकर्मी से, वह चाहे महिला हो अथवा पुरूष; यदि आपकी पटरी मेल नहीं खाती, तो संबंध इतने सामान्य बना कर रखें कि उनमें कहीं भी वैमनस्यता अथवा कटुता न आने पाए। आदर्श गृहिणी के बारे में तो यही कहा जाता है कि वह पुरुष की, परिवार के सदस्यों की सच्ची सलाहकार होती है, लेकिन यदि किसी से कोई गलती हो भी जाए, तो भी वह विनम्रतापूर्वक क्षमा करने वाली होती है।

विनम्रता के साथ परस्पर संबंधों का निर्वाह करें। ये संबंध ही प्रगतिशील जीवन की पहचान हैं। अपनी इस पहचान को गृहिणी के रूप में कहीं भी धूमिल न होने दें।

समानता

गृहिणी का तीसरा गुण उसमें सबके साथ समान व्यवहार करने की आदत होनी चाहिए। उसके इस गुण की तुलना मुखिया के गुण से करनी चाहिए। वास्तव में कई परिवारों में तो गृहिणी ही परिवार का मुखिया होती है।

''मुखिया मुख सो चाहिए खान पान सो एक....।'' आशय यह है कि गृहिणी को परिवार के प्रत्येक सदस्य की आवश्यकताओं का ख्याल रखना चाहिए। यदि परिवार का कोई सदस्य वृद्ध है, कोई बच्चा मंद बुद्धि है - विकलांग है, कोई बहू गर्भ से है अथवा कोई बच्चेवाली है, किसी का पति बाहर परदेस में है, तो इन सब का ख्याल रखें। कोई भी सदस्य अपने आपको उपेक्षित, अकेला, असहाय, कमजोर न समझे। प्रत्येक सदस्य की कहां शादी होनी है, कौन-सा घर-वर उसके अनुकूल है, इन सब बातों का

ख्याल भी गृहिणी को ही रखना पड़ता है। वास्तव में गृहिणी परिवार की "गृहमंत्री" होती है। यदि गृहिणी के परिवार में अन्य बहुएं हैं, ननदें हैं, देवरानी, जेठानी हैं, तो इन सबसे कुछ इस प्रकार से तालमेल बिठाएं कि उनमें या आप में कहीं भी टकराव अथवा तनाव की स्थिति पैदा न हो। यदि परिवार का सदस्य वैचारिक मतभेदों के कारण आपके साथ रहना नहीं चाहता, तो व्यापक सोच अपनाएं और उसे अलग रहने के लिए स्वतंत्र करें। वास्तव में इस प्रकार की सोच जहां पारिवारिक संबंधों में मधुरता लाती है, वहीं सबको अपने-अपने तरीके से रहने-खाने की स्वतंत्रता भी प्राप्त होती है। इसलिए घुटन भरी जिन्दगी जीने के लिए परिवार के किसी सदस्य को विवश न करें। यह हो सकता है कि आप यह सोचें कि इससे बदनामी होगी..।, "लोग क्या कहेंगे..।" लेकिन इससे भी बड़ी समस्या यह है कि क्रोध, वितृष्णा और आत्मग्लानि से पीड़ित युवा लड़के, लड़कियां क्या कदम उठाएं। यह भी तो आप नहीं जानतीं। इसलिए यह बहुत आवश्यक है कि उन्हें विवश न करें।

कभी-कभी कुछ गृहणियों की सोच में असमानता का भाव पैदा हो जाता है। वे परिवार में ही असमानता का व्यवहार करने लगती हैं। ऐसे परिवार में बिखराव की दरारें शीघ्र चमकने लगती हैं। हमारे सामाजिक जीवन में गृहिणी को हमेशा यही सीख दी जाती है कि 'पात में दो भात' नहीं होते। इसके परिणाम अच्छे नहीं निकलते।

लता का भरा-पूरा परिवार इसलिए बिखराव के कगार पर पहुँच गया, क्योंकि लता सास-श्वसुर को खाना देने के बाद पति के आने पर कुछ विशिष्ट बनाती। एक-दो दिन तो पति ने यह सब सहा, आखिर वह यह सब भेद-भाव सहन न कर सका। उसे स्वयं अपने खाने पर ही आत्मग्लानि होने लगी और फिर एक घुमड़ता हुआ असंतोष फूट पड़ा। लता को उसके इस असमान व्यवहार के लिए न केवल भला-बुरा सहना पड़ा, बल्कि पति ने घर पर खाना ही छोड़ दिया। सुनीता को अपने इस व्यवहार के कारण सास-श्वसुर से माफी मांगनी पड़ी और भविष्य में ऐसा न करने के लिए वचन देना पड़ा।

परिवार में सबको समान रूप से मान-सम्मान देने से ही गृहिणी की इज्जत बढ़ती है। गृहिणी के इस व्यवहार के बदले ही परिवार के अन्य सदस्य गृहिणी के प्रति समर्पित होते हैं। उसकी आज्ञाओं का पालन करते हैं।

समानता के इस व्यवहार के लिए कभी-कभी गृहिणी को बड़े "दौर" से गुज़रना पड़ता है। वह धर्म संकट में फंस जाती है, लेकिन वास्तव में इन क्षणों के भावनाओं से परे हटकर केवल कर्तव्यों का पालन करना चाहिए।

अहंकार से बचें

आधुनिक प्रगतिशील सोच वाली गृहिणियों में अपनी सुंदरता, अपनी प्रगतिशीलता और अपने कमाऊ होने का इतना भूत सवार रहता है कि वे अपने सामने दूसरों को कुछ समझती ही नहीं। बात-बात में "मेरी बला से...। मैंने सब का जिदंगी भर का ठेका थोड़े ही ले रखा है..।" जैसी अहम् भरी बातें करती हैं।

इस सम्बन्ध में श्रीमती रजिया बोलीं, "मैं चाहे कितनी भी योग्य बड़ी और प्रतिभाशाली क्यों न हो जाऊं, आखिर मुझे रहना तो उनके नियंत्रण में ही है, बीबी बन कर। मेरा यह एम०एस-सी पास होना, यह ऊंचा ओहदा, पांच अंकों में मिलने वाली तनखा, यह रोब-रुतबा सब उस समय फीके लगने लगते हैं, जब घर जाते ही "अम्मी जान" मेरी प्रशासनिक स्थिति की जरा भी परवाह न करते हुए घर में पैर रखते ही कह उठती हैं, "कितनी देर कर दी रजिया... देख आज पांच-सात मेहमान आ रहे हैं, उन सबका खाना तो बना दे....।" तब ऐसा लगता है जैसे मैं कोई खरीदी गई बांदी हूँ, इस घर की नौकरानी हूँ। अंदर ही अंदर मैं इतना टूट जाती हूं कि तुम्हें क्या बताऊं ?"

"समझ में नहीं आता उनसे ज्यादा कमाती हूं, ज्यादा पढ़ी-लिखी हूं। ईश्वर की कृपा से रंग-रूप भी कोई बुरा नहीं है, फिर भी जब देखो, तब ताने ही ताने.... व्यंग्य और हमेशा जली-कटी बातें.... रोज-रोज की किट-किट इन सबसे तो अच्छा है कि सबको मुंह तोड़ जवाब दूं... सबके सब सीधे हो जाएं...।"

उच्च और अहम् भरी बातों की त्रासदी से त्रसित ये कुछ ऐसी गृहिणियों के विचार और उदाहरण है, जिनकी बातों में अहम् की बू आती है। उच्चता अथवा अपने 'सुपर' होने का यह कम्पलैक्स आज की उच्च परिवारों की गृहिणी की अपनी सोच है। आधुनिक समाज और परिवारों में अपनी इस अहम् भरी सोच के कारण दांपत्य संबंधों में कटुता है। जो गृहिणियां इससे प्रभावित हैं, वे वास्तव में परिवार में सामंजस्य नहीं कर पा रही है और उन्हें केवल अपनी इस अहम् भरी सोच के कारण ही अपनों के स्नेह से वंचित होना पड़ रहा है।

इसमें संदेह नहीं कि आर्थिक स्वतंत्रता ने गृहिणियों के जीवन को प्रभावित किया है। इससे जहां स्त्रियों में आत्मविश्वास और आत्मनिर्भरता की भावना जागृत हुई है, वहीं इन भावनाओं ने कहीं न कहीं पत्नी में, गृहिणी में उसके अहम् को भी जागृत किया है।

अहम् भरी इस सोच के कारण पति-पत्नी में टकराव की स्थिति निर्मित होने लगी है। एक-दूसरे से श्रेष्ठ, बड़ा, सुपर बनने की होड़ पैदा हो गई है। यही होड़ एक-दूसरे को नीचा दिखाने जैसी विकृत स्थिति में पहुंच गई है। एक दूसरे की सोच में अविश्वास की भावनाएं पैदा होने लगी हैं। यही अविश्वास ही दांपत्य संबंधों में दूरियां बढ़ाने में लगा हुआ है। पति-पत्नी एक ही छत के नीचे रहते हुए कई-कई दिनों तक नदी के दो किनारों जैसा जीवन जीते हैं। उनमें इस प्रकार की दूरियां उन्हें कहां ले जाएंगी ?

पुरुष प्रधान सामाजिक व्यवस्था में यदि पति कठोर, सनकी, जिद्दी और सुपर बनने वाला होगा, तो पति-पत्नी में समन्वय के अभाव में यह अहम् ही टकराव बनेगा, इसलिए परस्पर के इस टकराव को टालना बहुत ही आवश्यक है। गृहिणी ही इस टकराव को खत्म कर सकती है। इस विषय में गुरुनानक ने एक ही सलाह दी है - ''एक ने कही दूजे ने मानी, नानक कहें दोनों ज्ञानी।''

अहम् भावनाएं पालना अथवा अहम् की सीमाओं में रहकर आत्मकेंद्रिंत होना पारिवारिक सम्बन्धों पर प्रतिकूल प्रभाव डालता है। पारिवारिक स्नेह, खुशी, सुख-समृद्धि और परस्पर विश्वास के लिए गृहिणी को समन्वय कर अहम् से ऊपर सोचना चाहिए। इसमें अपने कमाऊ होने अथवा सुंदर होने पर इतराना जरूरी नहीं।

अपनी पारिवारिक स्थिति का मूल्यांकन करें। अहम् से ऊपर उठकर अपने आपको टूटने से बचाएं। यदि आप दूसरों से अधिक सुंदर हैं, प्रतिभावान हैं, योग्य हैं, साधन संपन्न हैं, तो अपनी इस योग्यता अथवा प्रतिभा का लाभ दूसरों को दें। हमेशा अपने घर में ही अपनी खुशियां तलाशें। पति की कमजोरियों, हीनताओं को उछालने से आपकी मान-प्रतिष्ठा कभी नहीं बढ़ेगी। न ही परिवार के सदस्यों को नीचा दिखाने की सोच पालें।

अपने अहम् की संतुष्टि के लिए दूसरों की कमियों, दोषों अथवा अभावों को न देखें, बल्कि दूसरों के गुणों को देखें। परिवार के अन्य सदस्यों की योग्यता और गुणों

को भी मान्यता प्रदान करें। 'घर की मुर्गी दाल बराबर....' न मानें। अपने दृष्टिकोण के व्यापक बनाएं, पति अथवा पत्नी से प्रेरणा लें, उन्हें अपना संबल मानें। पति अथवा परिवार के सदस्यों पर गर्व करें। ''मेरे अपने हैं...'' का गर्व-गौरव प्राप्त करें। आपका गर्व-गौरव अहम् तभी सुरक्षित रह सकता है, जब आप अपने से छोटों को साथ लेकर चलती हैं। आपका बड़प्पन तो छोटों से ही सुरक्षित रह सकता है। इसलिए आप टूटे परिवार जोड़ें। आप अनुभव करेंगी कि टूटने से जुड़ना ज्यादा आसान है।

मधुर वाणी

मधुर वाणी गृहिणी का एक ऐसा गुण है जिससे वह दूसरों के दिल में अपने लिए स्थान लेती है। अपनी वाणी को मधुर, कोमल, स्निग्ध और सरस बनाएं।

कमला ने आखिर तंग आकर रागिनी से कह ही दिया, ''रागिनी यह बता, तू चुप होने का क्या लेगी?'' कहने को बात बड़ी छोटी सी थी, लेकिन वास्तव में यह समझदार के सामने डलिया रखने जैसी ही थी। इस प्रकार टिप्पणी उन गृहिणियों के लिए की जाती है, जो बिना सोचे समझे कुछ भी बोलती रहती हैं। कुछ महिलाएं बात-बात में, बिना विषय पर बात करती रहती हैं। ऐसी औरतों को कई बार तो काफी नीचा भी देखना पड़ता है।

आप चाहे सामाजिक जीवन मे हों अथवा कामकाजी जिंदगी में, परिवार में हों अथवा पति के साथ; अपनी बातचीत को अत्यंत संक्षिप्त, शिष्ट और मधुर बनाएं। आप तब तक न बोलें जब तक कि आपसे कुछ पूछा न जाए अथवा आपका बोलना जरूरी न हो।

दूसरों की बातचीत में न बोले। आप अपने विचार, अपने तर्क, अपनी सलाह दूसरों को तब तक न दें, जब तक कि कोई आपसे पूछे नहीं। अपने आपको आवश्यकता से अधिक बुद्धिमान, पढ़ा-लिखा, योग्य, चतुर, प्रगतिशील, सुंदर और होशियार न समझें। न ही अपनी उच्चता के प्रदर्शन के लिए अपने विचार और बातें दूसरों पर थोपें। बातचीत के इस समन्वय से दिखाई देने वाले पहले पाठ को मान्यता दें, इससे न केवल आपकी प्रतिष्ठा बढ़ेगी बल्कि आपके व्यक्तित्व में भी गंभीरता आएगी। अपनी वाणी को मधुर बनाकर आप अपनी बातचीत को 'चीप' बनाने से रोकेंगी। अपनी बात को वजन दें और यह तभी संभव है जब आप अपनी वाणी में मधुरता, सरसता लाएं। आधी रोटी

पर दाल लेने की आदत से बाज आएं। संयत और संतुलित बोलें। आपकी वाणी इतनी आकर्षक हो कि सुनने वाले आपकी बात का इन्तजार करें। आपकी बात सुनने के लिए उत्सुक हों। वाणी के इस मूल मंत्र को अपनाएं, आपके व्यक्तित्व में निखार आएगा और आपकी वाणी में प्रभाव पैदा होगा।

'यह तो मैं पहले ही जानती थी....।" "मुझे तो पता था", "मैंने दुनिया देखी है...। यह बाल धूप में सफेद नहीं किए हैं...।" जैसी बात कह कर दूसरों की निन्दा करना, दूसरों की हीनता को उछालना उचित नहीं।

जहां भी दो व्यक्ति बात कर रहे हों, वहां से उठ जाएं या फिर कोई और काम करने का बहाना बनाकर वहां से चले जाना ही शिष्टता है। हमेशा दूसरों को ही अधिक बोलने का अवसर दें। सुनें अधिक, बोले कम। इससे आपकी वाणी में प्रभाव पैदा होगा और आप कहीं भी वाणी के कारण निंदा की पात्र नहीं बनेंगी।

क्रोध को दूर भगाएं

क्रोध मनुष्य का सबसे बड़ा शत्रु है, जो व्यक्ति शांत-चित्त और बुद्धि का उपयोग कर संयमपूर्वक दूसरों की बात सुनते-समझते हैं, उस पर मनन करते हैं, उन्हें कभी भी किसी बात पर भड़काया नहीं जा सकता, वे जरा-जरा सी बातों में विचलित अथवा आपे से बाहर नहीं होते, उत्तेजित नहीं होते। आत्मसंयता और सहनशीलता के गुण गृहिणी को महान बनाते हैं।

"क्या करूं बहन जी, गुस्सा तो जैसे इनकी नाक पर ही धरा रहता है, जरा-जरा सी बात पर आपे से बाहर हो जाते हैं। बच्चे तो इनके सामने ही नहीं आते। बीमा बेचारी भीगी बिल्ली बनी किताबें सामने रखकर उनके बाहर जाने का इंतजार करती रहती है... जितनी देर ये घर में रहते हैं, बच्चों की तो क्या, मेरी भी सांस ही सूखी रहती है...। न जाने कब क्या हो जाए, कह नहीं सकती...।"

प्रत्युत्तर में गृहिणी की मानसिकता का अनुमान भी लगाया जा सकता है। मतलब यह है कि परिवार में पति पत्नी की नोंक-झोंक से लेकर गृहिणी के क्रोधी व्यवहार तक का प्रभाव परिवार पर पड़ता है। मानसिक तनावों से घिरे पति-पत्नी अपनी-अपनी समस्याओं में तो उलझे ही रहते हैं, कभी-कभी वे अपनी सारी खीझ, सारा तनाव, उत्तेजना घर पर ही उतारते हैं, इसलिए गृहिणी बात-बात में यदि बच्चों को डांटती हैं, अपनों

के प्रति उपेक्षा का भाव प्रकट करती है अथवा अन्य छोटी-छोटी बातों को लेकर तूल देती हैं, क्रोध करती हैं, तो इसमें अस्वाभाविक क्या है ? गृहिणी अथवा परिवार में कर्ता के क्रोध के कारण चाहे जो भी हो, इतना अवश्य है कि क्रोध के कारण परिवार का वातावरण खिंचा-खिंचा सा रहता है। परिवार के सभी सदस्यों का स्वभाव चिड़चिड़ा हो जाता है। ऐसे परिवारों के बच्चे भीरु, कायर, सुस्त, दब्बू हो जाते हैं। सारा परिवार एक अजीब से तनाव में जीता है। ऐसे परिवार के सदस्य यहां तक कि गृहिणी भी न तो अपनी किसी सफलता पर प्रसन्न होती है और न ही उन्हें मानसिक संतुष्टि मिलती है। उन्हें अपने जीवन में कोई उत्साह भी दिखाई नहीं देता। वे हमेशा निराशावादी सोच में डूबे रहते हैं। बच्चे जानते हैं कि उनकी सफलताओं को देखने वाला कोई नहीं, उनकी प्रशंसा करने वाला कोई नहीं, गृहिणी के क्रोधी आचरण के कारण न तो बच्चों का घर में मन लगता है और न वे घर में प्रसन्न रह पाते हैं। यहां तक कि वे अपने दोस्तों को भी घर में लाने में संकोच करते हैं। वे गृहणी के क्रोध की तलवार सदैव लटकती हुई अनुभव करते हैं। एक अजीब सा आतंक उन पर हमेशा छाया रहता है। ऐसे तनाव और आतंक के वातावरण में भला वे गृहिणी से क्या अपेक्षाएं करेंगे और गृहणी उन्हें क्या देगी ? तनाव और खिंचाव के इस वातावरण में कौन, कब, वहां टूट जाएगा, पता नहीं चलता।

"मैं तुम्हारी खरीदी हुई नौकरानी नहीं हूँ.... न ही तुम्हारा दिया हुआ खाती हूँ. .. दफ्तर में साहब की सुनूं, घर में तुम्हारी और तुम्हारी मां की...। आखिर तुम लोगों ने मुझे समझ क्या लिया है...। अगर मेरी कमाई से तुम्हें इतनी ही नफरत थी तो फिर नौकरी क्यों कराई...। जब नौकरी पर जाती हूं तो दो आदमियों से बात तो करनी ही पड़ेगी, उसमें इतनी जलन क्यों...।" ऐसी बातें न तो किसी समस्या का हल है और न क्रोध का कोई ठोस आधार। परिवार का वातावरण मधुर, सौम्य, तनावरहित सरल और सरस बनाने का दायित्व गृहणी का है।

गृहिणी को चाहिए कि वह अपनी और अपने पति की आर्थिक, सामाजिक और मानसिक सीमाएं जानें। उनकी विवशताओं को जानें। उनके नैतिक और सामाजिक दायित्वों को जानें। पति को उसके दायित्वों को पूरा करने के लिए प्रेरित और प्रोत्साहित करें। जीवनसंगिनी और अर्धांगिनी होने के नाते पति की अपेक्षाओं को जानें, उन्हें पूरा करें। यदि पति के मन में कोई पूर्वाग्रह है, तो उसे दूर करें। उसका विश्चास प्राप्त करें।

क्रोध, आवेश, तनाव अथवा उत्तेजना के क्षणों में पति अथवा परिवार के किसी अन्य सदस्य का मजाक न उड़ाएं, बल्कि ऐसे क्षणों में शालीनता से उनका मन जीतें। आपका स्नेहजन्य मधुर व्यवहार ही किसी के क्रोध को कम करेगा। यदि आप स्वयं क्रोध की स्थिति में हों, तो उस स्थिति को समाप्त करें जो क्रोधजन्य हो। स्थान बदल दें। कमरे के अंदर आ जाएं या कमरे से बाहर खुले में आ जाएं। पानी पी। वासना, ईर्ष्या, प्रतिशोध, घृणा, जलन इनमें से किसी का प्रभाव भी यदि गृहिणी पर पड़ता हैं, तो वह मनुष्यता से गिर जाती है। गृहिणी को भी इन विषयों में हमेशा चिंतनशील बने रहना चाहिए और इनके प्रभावों से बचना चाहिए। इनके प्रभावों में आकर आप कितना गिर सकती हैं, इसकी आप कल्पना भी नहीं कर सकती और फिर आपके पास केवल आत्मग्लानि और पश्चाताप के सिवाय कुछ नहीं बचता।

ईर्ष्या से बचें

'क' ने ईर्ष्यावश अपनी ही जेठानी 'ख' के पुत्र को दूध में जहर दिया - अखबार में छपी एक ऐसी रोंगटे खड़े कर देने वाली खबर थी, जिसे पढ़कर लगा, ईर्ष्या में आदमी क्या से क्या हो जाता है। जिस प्रकार से कपड़े में लगा हुआ कीड़ा कपड़े में छेद कर देता है, काट देता है, जीर्ण-क्षीर्ण कर देता है, उसी प्रकार से ईर्ष्या हमारे मन को, हमारे व्यवहारों को, हमारी सोच को जीण-क्षीर्ण कर देती है।

"हां-हां, होने को तो उसका मोनू इंजीनियर है, लेकिन मुझे तो उसमें इंजीनियर जैसी कोई बात नजर नहीं आती।"

"हां-हां, तुम और तुम्हारे बच्चें तो रोज बादाम का हलुआ खाते हैं हमारे बच्चे तो सूखी रोटी में ही पल रहे हैं।"

"समझ में नहीं आता, आखिर इतना पैसा आता कहां से है? आखिर है तो स्कूल मास्टर ही, लेकिन हमसे अच्छा खाता है, अच्छा पहनता है, यहां तो यह हालत है कि दो-दो कमाने वाले हैं फिर भी...।

'ईर्ष्या' अभिव्यक्ति के ऐसे उदाहरण हैं, जो हमें अपने सामाजिक परिवेश में देखने-सुनने को मिल जाते हैं। कुछ गृहिणियां जाने-अनजाने में ही अपनी हीनताओं को छिपाती रहती हैं और दूसरों की प्रगति, खुशहाली अथवा उपलब्धियों, सफलताओं पर कुढ़ती रहती हैं। जब कोई परिचित अपनी योग्यता, परिश्रम अथवा अन्य साधनों

से प्रगति कर जाता है, और हम जहां की तहां बनी रहती हैं, अपने लक्ष्य को प्राप्त नहीं कर पातीं, तो हमारे मन में पैदा हुए कुटिल और कुत्सित विचार ही ईर्ष्या कहलाते हैं। कई बार न चाहते हुए भी ऐसे विचार अथवा व्यवहार हमारे चेहरे पर आ जाते हैं। ऐसे अवसर पर ही हमारा आचरण और व्यवहार दूसरे के प्रति कर्कश, कठोर, अमानवीय, नीरस और अशुभ हो जाता है। कभी-कभी तो ईर्ष्या की यह अभिव्यक्ति हमारे कार्यों में ही व्यक्त होने लगती है। हमारा व्यवहार प्रतिशोधी भावनाओं से ग्रसित होने लगता है।

बच्चे को जहर देने वाली मानसिकता दूसरों की नजरों से गिरने वाला व्यवहार तो है ही, साथ ही अपने आपसे भी गिरने वाला व्यवहार है। ईर्ष्या ऐसा ही आत्महीनता का व्यवहार है। अतः गृहिणी को ईर्ष्याजन्य इस प्रकार के सोच से दूर रहना चाहिए। ईर्ष्याजन्य व्यवहार प्रत्येक स्थिति में आत्मघाती व्यवहार है। ईर्ष्या कर हम दूसरों से कुछ ले नहीं सकते, बल्कि ईर्ष्या कर अन्य अनेक मनोवैज्ञानिक द्वेष हमारे मन में पैदा होने लगते हैं।

ईर्ष्याजन्य सोच गृहिणी को अकेला बनाती है, उसमें सहनशीलता भी कम होने लगती है। वह हमेशा लड़ने झगड़ने के लिए उतारू रहती है। कुढ़न, ईष्या की ही सहयोगी वृत्ति है। ईष्यालु महिलाएं चिड़चिड़े स्वभाव की हो जाती हैं। उनका सोचने-समझने का दायरा संकुचित हो जाता है।

ईर्ष्या करने वाली महिलाएं हमेशा कुढ़ती रहती हैं। दूसरों की निंदा, दोषारोपण, हमेशा दूसरों में बुराइयां ढूंढ़ते रहना, दूसरों को नीचा दिखाने की सोच रखना आदि उनकी आदत बन जाती है। ऐसी गृहिणियां हमेशा तनाव में रहती हैं। यहां तक कि उनके इस व्यवहार के कारण उनका दांपत्य जीवन भी नीरस और असंतुष्ट बना रहता है।

ईर्ष्या हमारे मौलिक चिंतन को भी कुंठित करती है। हमारा रचनात्मक और सृजनात्मक पक्ष धूमिल होता है। इसलिए सर्वप्रथम हमें जीवन की नई परिभाषा जानने के प्रयास करने चाहिए, अपने स्तर पर दूसरों की प्रगति में सहायक बनना चाहिए। हम कितनी प्रगतिशील और बुद्धिमान हैं, इसका अनुमान तो हमें तभी लगता है जब हम अपने से अधिक पढ़ी-लिखी प्रगतिशील सोच वाली के संपर्क में आती हैं। ऊंट को

अपनी लघुता का अंदाज तब होता है, जब वह पहाड़ के नीचे आता है। हम हमेशा यह विचार करें कि हमसे भी अधिक संपन्न बुद्धिमान प्रगतिशील सोच वाले हमारे पड़ोसी हैं।

दूसरों की प्रगति, सफलता, सुख-समृद्धि और उपलब्धियों पर प्रसन्न हो अपनी प्रसन्नता दिल खोलकर प्रकट करें। दूसरों को बधाई दें, शुभ कामनाएं प्रकट करें। आशीर्वाद दें। मुस्करा कर उनकी प्रगति और सफलता को स्वीकारें। यहां तक कि यदि आप उचित समझें तो उनकी इन सफलताओं पर अपनी ओर से उन्हें उपहार दें। घर आए मेहमानों का हार्दिक स्वागत करें। उनके प्रति अपनी कृतज्ञता ज्ञापित करें। वास्तव में कुछ इस प्रकार की सोच ही आपकी ईर्ष्या को मुक्त करेगी।

दूसरों की प्रसन्नता, हंसी, खुशी, उमंग, उत्सव पर जी खोलकर हंसे। प्रसन्न हों। जहां कहीं भी किसी की निंदा हो रही है, वहां चुप रहें और उसमें भाग न लें।

ईर्ष्या कोई असाध्य रोग नहीं, यह तो मानसिक विकृतियों का एक असामान्य व्यवहार है, जिसे हमारी स्नेहयुक्त

मधुर मुस्कमान मन से निकाल दी है। गृहिणी के रूप में आप इससे जितनी दूर रहेंगी, आपका पारिवारिक और दांपत्य जीवन उतना सरल, सुखी और सम्पन्न होगा।

दूसरों की प्रशंसा करें

दुर्भाग्य यह है कि हमारे सामाजिक और पारिवारिक जीवन में प्रशंसा संस्कृति का अभाव है। अच्छे व्यवहार के बाद भी कुछ लोग केवल दबे स्वर में "शाबास" या "बहुत अच्छा" कहकर चुप हो जाते हैं। जबकि प्रशंसा एक मनोवैज्ञानिक उपचार है। किसी को अच्छे कार्यों के लिए प्रेरित और प्रभावित करने के लिए यह एक उत्तम टानिक है। बिना पैसे का अचूक टानिक। इस विषय में इतना ख्याल रखें कि आपकी स्थिति उस लोमड़ी जैसी न बने जिसने कौए से रोटी का टुकड़ा हथियाने के लिए उसकी झूठी प्रशंसा कर अपना उल्लू सीधा किया था।

हमारे सामाजिक और पारिवारिक जीवन में ऐसे चालाक सियारों की कमी नहीं, जो हमारी इस मनोवैज्ञानिक कमजोरी का लाभ उठाकर हमारे मुंह पर तो हमारी प्रशंसा करते हैं और पीठ पीछे बुराई करते हैं। हम हैं कि अपनी प्रशंसा सुनकर फूलकर कुप्पा

हो जाते हैं। दूसरों की चिकनी चुपड़ी बातों में आ जाती हैं। हमें उनकी असलियत का पता तब चलता है, जब हमारे पास हाथ मलने के सिवाय कोई चारा नहीं रहता। हम ठगी जाती हैं।

इस विषय में केवल इतना कहना ही काफी होगा कि हमें ऐसी प्रशंसा न तो करनी चाहिए, न सुननी चाहिए, जो चमचागीरी अथवा चापलूसी की श्रेणी में आती है। जहां तक इस विषय में व्यवहारिक सोच का सम्बन्ध है, जब आप किसी की झूठी प्रशंसा करती हैं, अथवा सुनती हैं, तो वह अलग से दिखाई दे जाती है। थोड़े से विवेक से ही आप शीघ्र इस निष्कर्ष पर पहुंच सकती हैं कि आपकी झूठी प्रशंसा की जा रही है। अतः आप स्वयं इस बात की परख करें। सच और झूठ की परख करना भी गृहिणी क लिए बहुत जरूरी है।

दूसरों के अच्छे कार्यों, व्यवहारों की प्रशंसा अवश्य करनी चाहिए, दिल खोलकर करनी चाहिए। यह प्रशंसा आप अपनी मां जी (सास) की भी कर सकती हैं, श्वसुर की, पति की, देवर अथवा देवरानी की। वास्तव में इस प्रकार की प्रशंसा आपकी स्वस्थ मानसिकता का परिचायक है। जब आप दूसरों के अच्छे कार्यों के लिए प्रेरित करती हैं। छोटे बच्चों के कार्यों की प्रशंसा कर आप उन्हें उन कार्यों के लिए उत्साहित करती हैं, आपका प्रोत्साहन उनका उत्साह बढ़ाता है, उनकी सफलता का आधार बनता है।

''शाबास ! बहुत सुंदर लिखा है सलोनी ने...। तुम्हारी हैंडराइटिंग तो बिल्कुल पापा जैसी बड़ी सुंदर है...।''

''बहुत खूब दीदी! कलर कम्बीनेशन तो कोई तुमसे सीखे...। कमरे की ऐसी साज-सज्जा करके दिल खुश कर दिया तू ने। ऐसे परदे तो मैंने आज तक नहीं देखे. ...। भाई कमाल करती हो...। पैसा तो सभी खर्च करते हैं, लेकिन पैसे खर्च करने का तुम्हारा यह अंदाज वाकई तारीफ के लायक है....। मुझे बहुत पसंद है तुम्हारी यह सजावट....।''

''तुम्हारी श्वेता इस बार कक्षा में प्रथम आई है बधाई हो, भाई तुम्हारे पढ़े-लिखे होने का यही तो फायदा है...। जरूरी तो नहीं कि पढ़-लिखकर कोई नौकरी ही करें. ..। यह लाभ तो नौकरी से कहीं ज्यादा अच्छा है। कम से कम लड़के तो लायक बन रहे हैं...।

जैसी प्रशंसा पाकर न तो कोई इतराएगा और न ही अपने आप पर घमंड करेगा। वास्तव में जब आप अपने पारिवारिक अथवा सामाजिक जीवन में इस प्रकार की प्रशंसा करती हैं, तो दूसरों को अच्छे कार्यों के लिए उत्साहित तो करती ही हैं साथ ही दूसरों को उचित मान-सम्मान भी देती हैं। ऐसी प्रशंसा कर आप दूसरों का दिल भी जीतती हैं।

इसके विपरीत, यदि कोई आपसे यह कहे, "मैं तो हमेशा तुम्हारे गुणों की तारीफ ही करती रहती हूं। समाज सेवा तो जैसे तुम्हारे जीवन का लक्ष्य ही बना हुआ है, हमारी संस्था भी आपके आशीर्वाद की आकांक्षी है, यदि हमें आपका आशीर्वाद मिल जाए, तो संस्था की उन्नति में चार चांद लग जाएंगे, आप हमें जितना अधिक से अधिक चन्दा दे सकें, हम आपकी उतनी ही बार संस्था के समारोह में आपका सम्मान करेंगे...।"

"हमें तो बस आपका ही सहारा है, भगवान के बाद यदि हमें किसी पर भरोसा है तो आपका ही है, अगर आपने सहारा न दिया होता, तो हम कहां जाते बहन जी सही मानिए, आप तो हमारी अन्नदाता हैं...। आपका ही खा रहे हैं।"

इस प्रकार की प्रशंसा चमचागीरी है, इससे बचें। न सुनें, न करें।। प्रशंसा सुनना हर मनुष्य की मनोवैज्ञानिक कमजोरी है। प्रशंसा सुनकर हमें एक अजीब सी सुखानुभूति होती है, और चतुर लोग हमारी इस कमजोरी का लाभ उठाते हैं। इससे बचने का सरल उपाय यही है कि ऐसे लोगों से बचें, जो आपकी प्रशंसा स्वार्थपूर्ति के लिए ही करते हैं।

हम स्वयं भी दूसरों से बड़ी-बड़ी अपेक्षाएं न करें। अपने व्यवहार को अत्यंत संयत, संतुलित और सरल बनाएं। यह कभी न सोचें कि लोग आपके बारे में क्या सोचते हैं, बल्कि वे काम करें, जो आपको करने चाहिए, आपकी दृष्टि में सही हो, परिवार और समाज के हित में हो।

प्रशंसा पाने की आकांक्षा के बिना अपने व्यवहार को सामाजिक बनाएं। आप स्वयं ही प्रशंसा की पात्र बनेंगी, इस प्रकार की प्रशंसा जहां स्थायी होगी वहीं आपको विवादों से बचाएगी।

वास्तव में प्रशंसा वह प्रकाश है, जो अच्छे कार्यों के कारण स्वतः ही पैदा होता है। अतः प्रशंसा करने का कोई भी अवसर हाथ से न जाने दें। इस प्रकार से अर्जित

की गई प्रशंसा जहां गृहिणियों का मनोबल बढ़ाती है, वहीं वे भी इस बात के लिए सदैव प्रयासरत रहती हैं कि वे अच्छे कार्य ही करें। अच्छा व्यवहार ही करें, ताकि वे दूसरों की प्रशंसा प्राप्त करती रहें, जैसे आगे लिखा है कि क्या-क्या करें :

१. एक ही व्यवहार की प्रशंसा बार-बार न करें।
२. प्रशंसा की भाषा एक सी न रखें, सब जगह एक सी बात कहने में आप जग-हंसाई की पात्र बन सकती हैं।
३. तुलनात्मक प्रशंसा न करें। "सुधा तुम्हारा क्या मुकाबला करेगी, कहां तुम और कहां वह...। बिल्कुल उसी तरह से कहां राजा भोज कहां गंगू तेली. ...।"
४. बच्चों, पड़ोसियों, नौकरों, मित्रों यहां तक कि घर आए मेहमानों को भी प्रशंसा से प्रभावित करें।
५. छोटे से छोटे व्यवहारों की भी प्रशंसा करें, क्योंकि कभी-कभी बहुत छोटी-सी बात भी दिल में घर कर जाती है।

प्रशंसा मधुर संबंधों का आधार है, इसलिए इस विषय में कंजूसी न बरतें।

सहयोगी भावना

दूसरों की सहायता करना, कठिन अथवा विषम परिस्थितियों में सहयोग करना, गृहिणी को मान-प्रतिष्ठा दिलाता है। अवसर चाहे खुशी का हो अथवा गमीं का, अपने स्तर पर सबका सहयोग करें। सहयोग के इस व्यवहार के बदले में किसी प्रकार की अपेक्षा न करें। परिवार के सभी सदस्य गृहिणी से इसलिए भी सहयेाग की अपेक्षा करते हैं, क्योंकि वह सुबह से शाम तक घर के कामों में जुटी रहती हैं। परिवार के लोगों को यह विश्वास होता है कि उन्हें गृहिणी से तो सहयोग मिलेगा ही, वास्तव में वह परिवार के सदस्यों का विश्वास भी बनाए रखती हैं, इसलिए उन्हें यथाशक्ति सहयोग देती है।

लालच से बचें

अक्सर समाचार पत्रों में इस प्रकार की खबरें छोटे बड़े शीर्षकों के साथ छपती रही हैं कि कुछ महिलाएं धन दूना करने के चक्कर में ठगी गईं। इस प्रकार की घटनाओं के पीछे गृहिणियों की लालच की प्रवृत्ति होती है। गृहिणी को कभी भी, किसी भी प्रकार

के लालच में नहीं पड़ना चाहिए। लालच में आकर न केवल महिलाएं ठगी जाती हैं, बल्कि अपनी मूल पूंजी भी गवां बैठती हैं। कभी-कभी बड़ी परेशानियों में फंस जाती हैं।

'सेल', 'मुफ्त उपहार', 'स्कीम', 'लाटरी', 'जुआ' आसान किश्तों में सामान आदि के विज्ञापन देखकर जो गृहिणियां प्रभावित होती हैं, वे कहीं न कहीं अवश्य 'धोखा' खाती हैं, ठगी जाती हैं। उन्हें अपनी लालच की इस सोच का परिणामस्वरूप पश्चाताप ही करना पड़ता है। कामकाजी महिलाओं को भी कई प्रकार से प्रलोभनों के फेर में पड़ना पड़ जाता है। उनके सामने भी कई प्रकार के प्रलोभन 'परोसे' जाते हैं। "कंपनी अथवा विभाग के खर्च पर शिमला अथवा गोवा" चलने का आग्रह, 'लिफ्ट लेना' 'संस्थान के उपकरणों का निजी उपयोग....।" आदि ऐसे व्यवहार हैं, जिन्हें कामकाजी महिलाएं स्वीकारती हैं और फिर अपने ही बुने हुए इस जाल में फंस जाती हैं।

कामकाजी जीवन में अथवा परिवार में गृहिणियों के सामने लालच में पड़ने के ये व्यवहार भले ही देखने-सुनने में 'सामान्य' से दिखाई देते हैं, लेकिन लोग इनका हमेशा अनुचित लाभ उठाते हैं। लालच अथवा प्रलोभनों से बचने का सरल उपाय यह है कि आप हमेशा अपने काम से संबंध रखें।

यह एक कटु सत्य है कि हर कोई व्यक्ति अपने किए हुए अहसानों का मूल्य चाहता है, समय आने पर ऐसे लोग ही आपसे ऐसे भुगतानों की अपेक्षा करते हैं। अहसानों को भुनाते हैं। जब कभी आप किसी लालच में फंस जाती हैं, तो आपके सामने हीनता प्रदर्शित करने के सिवाए कोई चारा नहीं रहता। यहां तक कि कभी-कभी आपको ब्लैकमेल का शिकार भी होना पड़ सकता है।

"सर ! आपसे क्या छुपाना...। वो तो बीमार रहते हैं, घर में और कोई कमाने वाला भी तो नहीं....। आपकी कृपा हो जाए...। मैं सब काम कर सकती हूँ...।"

नौकरी का झांसा, काम दिलाने का प्रलोभव अथवा लालच आदि ऐसी अनेक कमजोरियां हं, जो आपको प्रसन्न करने के लिए, आपकी आंखों में चमक पैदा करने के लिए व्यवहार किये जाते हैं। इसलिए आप ऐसे लोगों से दूर ही रहें। यदि आप समझती हैं कि कोई आपको लालच देकर आकर्षित करना चाह रहा है, तो उसका विरोध करें, भले ही इसके लिए आपको तीसरा नेत्र ही क्यों न खोलना पड़े। लालच में पड़कर आपको

पश्चाताप के सिवाय कुछ हाथ न लगेगना। इस सम्बन्ध में इतना जान लें कि लालच में पड़कर आपके पल्ले हीनता ही पड़ेगी, इसलिए जाने-अनजाने किसी प्रकार की लालच में न पड़ें। प्रलोभनों की चमक से दूर रहें।

कुछ धार्मिक बनें

धारण करने योग्य आचरण धर्म कहलाता है। धर्म ही हमें नैतिक आदर्शों की ओर बढ़ने के लिए प्रेरित करता है। हमारी भावनाओं को पवित्र बनाता है। कट्टर धार्मिक बनने से आपकी सोच में अंतर आ सकता है, लेकिन धार्मिक बनने से तो आपकी सोच और दृष्टिकोण में भी व्यापकता आती है, जैसे जीवों पर दया करो। गरीबों पर दया करो। निर्बल को न सताएं आदि बातें धर्म की श्रेणी में ही आती हैं। मानवतावादी आदर्श ही धर्म के रूप में अपनाएं। हर समय भौतिकवादी कार्यों से हटकर कुछ समय उस सर्वशक्तिमान ईश्वर के ध्यान में भी लगाएं, जिससे मन को शांति मिलती है। वह चाहे पूजापाठ हो, हवन हो, जप-तप आराधना, साधना कुछ भी हो, जो भी आपको अच्छा लगे, वह करें। इससे जहां मन को शांति मिलती है, वहीं आपके मन में कलुषित विचार भी नहीं आते। धर्म और संस्कृति ही हमें धार्मिक बनाते हैं, सामाजिक बनाते हैं। हमें समाज और परिवार से जोड़ते हैं, पूजन से घर का वातावरण शुद्ध होता है, जिससे हमारी भावनाएं प्रेरित होती हैं, प्रभावित होती हैं। परिवार को संस्कार युक्त बनाती हैं।

घर में मंदिर बनाकर पूजा पाठ करना आधुनिक जीवन शैली का अंग है। घर चाहे बड़ा हो अथवा छोटा प्रत्येक घर में "पूजा का स्थान" होता है। कुशल गृहिणी इस स्थान की मान-मर्यादा के लिए नहाने-धोने के बाद प्रतिदिन पूजा कर सुख का अनुभव करती हैं। यही धार्मिक संस्कार घर में आने वाली बहू को विरासत में दिए जाते हैं।

भारत में विभिन्न धर्मों के मानने वाले रहते हैं। हिन्दू गृहिणियां रामायण, गीता, शिव चालीसा, दुर्गा चालीसा, हनुमान चालीसा, सत्य नारायण की कथा आदि का पाठ करती हैं, तो मुस्लिम महिलाएं भी घर में सिर ढक कर "अल्लाह की इबादत" करती हैं। जैन महिलाएं सुबह-सुबह मंदिर जाकर अपने दिन की शुरूआत करती हैं। सिख महिलाएं 'सुखमणीसाहब", "जपची साहब", "रहवास", "आनन्द साहब" और "कीर्तन सौला" का पाठ करती हैं।

आर्य समाज को मानने वाले हवन कर गायत्री मंत्र का जाप करते हैं। क्षमाशीलता, सहनशीलता, मितव्ययता, शालीनता, शिष्टता अन्य ऐसे गुण हैं जो आदर्श गृहिणी में होने चाहिए। इन गुणों से न केवल गृहिणी का मान बढ़ता है, बल्कि उसके जीवन में भी खुशियां आती हैं। आदर्श गृहिणी के ये गुण न केवल उसके व्यक्तित्व को निखारते हैं, बल्कि परिवार और समाज के अन्य सदस्य भी उसके इन गुणों से प्रभावित होते हैं, और इस प्रकार से एक स्वस्थ समाज की रचना होती है।

इन व्यवहारों को अपनाएं

- हमेशा प्रसन्न रहें।
- हमेशा दूसरों का हल्की मुस्कान के साथ स्वागत करें।
- आत्मीयता प्रदर्शित करने वाला सम्बोधन दें।
- मधुर बोलें, कम बोलें।
- दूसरों की भावनाओं का सम्मान करें। दूसरों का मजाक न उड़ाएं।
- परिवार के सभी सदस्यों के साथ समानता का व्यवहार करें। विशेष कर वृद्धों को पूज्य मानें।
- चोर मानसिकता से बचें, चाहे काम करना हो अथवा अन्य कोई व्यवहार।
- मांगना असभ्यता का सूचक है। वह चाहे पैसा हो अथवा कोई वस्तु।
- अपने रंग-रूप, सुंदरता अथवा संपन्नता पर न इतराएं।
- दूसरों से बड़ी-बड़ी अपेक्षाएं न पालें। विशेष कर परिवार के सदस्यों से।
- क्रोध से बचें।
- साधनों की पवित्रता का ध्यान रखें। "शार्ट कट" की बातें मन में न आने दें।

इन व्यवहारों से बचें

- चाहे जब पड़ोस में मिलने-बैठने जाने से।
- प्रतिशोधी अथवा ईर्ष्याजन्य विचारों से।
- मांगकर इच्छाएं पूरी करने से।
- पड़ोस में ताक-झांक करने से, आए-गए का हिसाब रखने से।

- मेहमानों को मुसीबत समझने से।
- अपने लिए वस्तुएं, पैसा बचाकर कनस्तर या दाल के बर्तनों में रखने से।
- हमेशा जली-कटी-सुनने-सुनाने से। कोपभवन में बैठने से।
- बात-बात में "हमारे वहां तो....।" से।
- दूसरों के घरों में लगे कलेंडर, शो-पीस आदि पर कुदृष्टि डालने से अथवा मांगने से।
- फैशन अथवा "माड" बनने के नाम पर पारदर्शी कपड़े पहनने, धूम्रपान करने अथवा नशा करने की इच्छा से।
- घर आए पुरुष मित्रों में अति उत्साह दिखाने अथवा अति रुचि लेने, उनके साथ द्विअर्थी बातचीत करने से।
- अपनी हीनताओं का रोना रोने से।
- हर बात में "आधी रोटी पर दाल लेने से"। बात चाहे आप से सम्बन्धित हो अथवा न हो, बीच-बीच में न बोले।

कुशल गृहिणी के रूप में मर्यादा ही आपका रक्षा-कवच है, इसलिए अपने आचरण और व्यवहार में हमेशा मर्यादा का पालन करे। इस प्रकार उपरोक्त गुणों को अपनाकर आप सदैव सुख-शांति से रह सकेंगी।

34 अपनी सफलता का करें मूल्यांकन

आधुनिक युग में महिलाओं को दो श्रेणियों में रख सकते हैं : घरेलू महिलाएं और कामकाजी महिलाएं। अक्सर लोग कामकाजी महिलाओं को आधुनिक मान लेते हैं, जबकि सच्चाई यह है कि कई महिलाएं कामकाजी होकर भी आधुनिक नहीं होतीं और कई घरेलू महिलाओं के व्यवहार में भी आधुनिकता झलकती है। इसलिए हमने यहां घरेलू और कामकाजी दोनों वर्गों की महिलाओं के लिए प्रश्नोत्तरी तैयार की है। जांचिए कि आप कितनी आधुनिक व सफल हैं।

मूल्यांकन विधि

दोनों तरह की प्रश्नोत्तरियों में प्रत्येक प्रश्न के दो विकल्प 'क' और 'ख' दिए गए हैं। उत्तर 'क' के लिए ० अंक और उत्तर 'ख' के लिए १ अंक निर्धारित है। यदि आप १० अंको में से ७ से अधिक अंक प्राप्त करती हैं, तो आप अपनी गिनती आधुनिक महिलाओं में कर सकती हैं। यदि आप ५ से ७ अंक प्राप्त करती हैं, तो थोड़े प्रयास और करने पर

आधुनिक महिलाओं की श्रेणी में स्थान प्राप्त कर सकती हैं। यदि आप ५ से कम अंक प्राप्त करें, तो आधुनिकता की दौड़ में काफी पिछड़ी हुई हैं। अतः आपको आधुनिक बनने के लिए काफी मेहनत की जरूरत है।

प्रश्नोत्तरी घरेलू महिलाओं के लिए

प्र०१ आधुनिक फैशन के विषय में आपके विचार -

क. भड़कीली पोशाकें और तेज़ मेकअप पसंद है ☐

ख. वातावरण के अनुसार पहनावे व मेकअप में विश्वास रखती हैं ☐

प्र०२ आप खाना बनाती हैं -

क. स्वादिष्ट भोजन बनाना आपका शौक है।

ख. भोजन की न्यूट्रीशियन वैल्यू ध्यान में रखकर स्वादिष्ट भोजन बनाती हैं।

प्र०३ देश की राजनीति के विषय में आपका कोई विचार है -

क. क्या लेना है राजनीति से, घर के कामों से ही फुर्सत नहीं मिलती

ख. राजनीति के प्रति आप पूर्ण सजग हैं

प्र०४ आप भाग लेती हैं -

क. केवल अपने घर से संबंधित कार्यों में

ख. सामाजिक कार्यों में भी

प्र०५ आप अपने बच्चों की पढ़ाई पर ध्यान देती हैं-

क. मात्र ट्यूशन के लिए भेजने से मतलब रखती हैं

ख. बच्चों की पढ़ाई में व्यक्तिगत रूचि रखते हुए स्वयं ध्यान देती हैं

प्र०६ आपके बिजली, पानी, टेलीफोन आदि के बिल जमा करवाते हैं -

क. आपके पति या बच्चे

ख. आप स्वयं

प्र०७ सब्जी वाला आपको कम सब्जी तोल कर देता है, तो -

क. आप चुप्पी साधे रखती हैं

ख. आप इसका विरोध करती हैं और मौहल्लो की अन्य महिलाओं को एकत्रित करने का साहस रखती हैं

प्र०८ आप हाल ही में मां बनने वाली हैं, इसलिए आप -

क. अभी से शिशु पालन संबंधी पुस्तकें पढ़ना प्रारंभ कर देंगी ☐

ख. कुछ विशेष नहीं करेंगी। ☐

प्र०९ आप आधुनिक घरेलू उपकरणों की जानकारी रखती हैं -

क. आधुनिक उपकरण खरीदने की हमारी हैसियत नहीं, इसलिए जानकारी रखने में कोई फायदा नहीं ☐

ख. आधुनिक घरेलू उपकरणों के विषय में जानकारी रखना अच्छा लगता है ☐

प्र०१० आपकी पड़ोसन का पति दहेज के लिए उसे तंग करता है, आपकी प्रतिक्रिया-

क. मैं कुछ नहीं कर सकती, मेरे पति के पास भी समय नहीं कि उसकी सहायता कर सकें।

ख. मैं ऐसी संस्थाओं से अपनी पड़ोसन का संपर्क करवाऊँगी, जो ऐसे मामलों में महिलाओं की सहायता करती हैं।

प्रश्नोत्तरी कामकाजी महिलाओं के लिए

प्र०१. बस में सफर करते हुए यदि आपसे कोई छेड़छाड़ करे, तो-

क. चुप्पी साधे रखती हैं ☐

ख. तत्काल विरोध करती हैं ☐

प्र०२ यदि कार्यालय में आपका बॉस आपसे अनुचित व्यवहार करता है, तो-

क. बॉस का विरोध करने का अर्थ है नौकरी खोना, इसलिए जब तक हो सके झेलती रहेंगी ☐

ख. कोई समझौता नही करेंगी, विरोध करने से नहीं चूकेंगी ☐

प्र०३ आप अपने पति की महिला सहकर्मियों को देखती हैं-

क. शंकालु दृष्टि से ☐

ख. सहज भाव से ☐

प्र०४ अपने स्वास्थ्य के लिए समय देने के संबंध में आपका विचार है -

क. कामकाजी हैं, समय नहीं मिल सकता ☐

ख. समय मिलता नहीं, निकालना पड़ता है ☐

प्र०५ आप कामकाजी हैं, आप पर दोहरी जिम्मेदारी है, इसलिए आपकी सुबह शुरू होती है -

क. तनाव से ☐

ख. हंसी से ☐

प्र०६ सुबह तैयार होने में भागदौड़ न हो, इसके लिए आप -

क. कुछ नहीं करती ☐

ख. सुबह के कार्यों की रात में ही पूर्व तैयारी कर लेती हैं ☐

प्र०७ आप अपना अतिरिक्त कीमती समय देती हैं -

क. किटी पार्टी को ☐

ख. सामाजिक गतिविधयों को ☐

प्र०८ कामकाजी होने के कारण आप अपने पड़ोसियों से -

क. बिल्कुल मेलजोल नहीं रख पातीं ☐

ख. महत्वपूर्ण अवसरों पर अवश्य शामिल होती हैं ☐

प्र०९ आप अपनी महत्वाकांक्षाओं की पूर्ति के लिए -

क. अनुचित साधन अपनाने में नहीं झिझकतीं ☐

ख. केवल परिश्रम पर विश्वास करती हैं ☐

प्र०१० आप कामकाजी हैं, इसलिए -

क. गृहकार्यों के प्रति उदासीन हैं ☐

ख. जितना समय मिलता है, उतना कार्य रुचि से करती हैं ☐

''स्त्री तूने अपने अथाह अश्रुओं से संसार के हृदय को उसी प्रकार घेर रखा है, जिस प्रकार समुद्र पृथ्वी को घेरे हुए है''

–रवीन्द्र नाथ टैगोर

''नारी केवल मांसपिण्ड की संज्ञा नहीं है। आदिम काल से आज तक विकास पथ पर पुरुष का साथ देकर, उसकी यात्रा को सरल बनाकर, उसके अभिशापों को स्वयं झेल कर और उसके वरदानों से जीवन में अक्षयशक्ति भरकर, मानवी ने जिस व्यक्तित्व, चेतना और हृदय का विकास किया है, उसी का पर्याय है नारी''

–महादेवी वर्मा